U0511416

大众政府

〔英〕亨利·梅因 著

陈 刚 译

商务印书馆
创于1897 The Commercial Press

Sir Henry Sumner Maine

POPULAR GOVERNMENT: FOUR ESSAYS
John Murray
London, 1886

据伦敦约翰·默里出版公司 1886 年版译出

导　读

亨利·萨姆奈·梅因（1822—1888）是英国著名的法学家，维多利亚时代的知识界巨擘。梅因出生于苏格兰边境的小镇凯尔索，曾在剑桥大学彭布鲁克学院学习法律，并在那里因其希腊语和拉丁语的作品及英语的诗歌而赢得多项荣誉。1844年，他接受了剑桥大学法学院圣三一学堂的助教之职，几年后又被任命为钦定民法讲座教授。

梅因一生著述颇丰。1861年，他在伦敦四大律师学院教授罗马法和法理学的讲义以《古代法》之名出版，受到广泛的关注和好评。1862—1869年，梅因前往印度担任总督府参事室参事，协助编纂印度法典。回到英国之后，他成为牛津大学历史上第一位比较法学教授，先后出版了《东西方乡村社会》（1871）、《早期制度史讲义》（1875）、《早期法律与习俗》（1883）等著作，而这些著作也大多应用了他在研究法律和制度时非常看重的历史方法。与上述著作相比，1885年由伦敦约翰·默里出版公司出版的《大众政府》是一本较为特别的书。构成该书的四篇文章最早发表于《每季评论》，集中体现着他作为一个温和保守主义者对民主的看法。英国已故政治思想家欧内斯特·巴克曾谈道，"梅因于1885年发表的《大众政府》对当时的思想倾向产生了重大影响"，它"对民主制采取冷漠和批评的态度"，其总论点"是从一种知识分子的反唯理智论出发的"。[1] 美国实用主义哲学家约翰·杜威也专门就《大众政府》中的内容写过一篇评论性文章，在其中他谈道："这本书清晰地解释了我所知道的一个政治哲学流派。它从广泛的历史知识出发，有着敏锐的分析。"[2]

对于民主的定义，梅因采纳的是约翰·奥斯丁和埃德蒙·谢勒的界定：民主制是一种特定的政府形式，是由多数人统治的国家的政府，与一个人或少数人统治的国家的政府亦即君主制和贵族制相对。梅因认为，拨开围绕着这个概念的重重迷雾是非常必要的，因为现实中对民主的称颂和诋毁都是由于给民主添加了不属于它的东西，从而渲染了过多的感情色彩。正因民主是而且只是一种政府形式，所以它必须像其他政府形式一样履行国家所需的基本职能，如维护国家生存和强制国民遵守法律。然而，民主在这方面的历史记录并未证明它比君主制和贵族制更成功，近代共和主义在法国和拉美的实践也证明它是以混乱无序为特征的。事实上，在梅因看来，人们对民主的迷恋就像曾经的对宗教的狂热一样，而对群氓的顺从也就像曾经的对国王的臣服一样，都是以纯粹非理性的信仰为基础的。

既然这样，民主又为何会成为一种所谓的时代潮流呢？梅因认为这需要进行历史的考察。在古代，政治思想家们眼里的民主常常是一种坏的政府形式。虽然古雅典与古罗马的民主取得了瞩目的成就，但它们都建立在对周边属地的帝国主义基础

---

[1]　欧内斯特·巴克：《英国政治思想：从赫伯特·斯宾塞到现代》，黄维新、胡待岗等译，商务印书馆1987年版，第86、8、116页。

[2]　约翰·杜威：《民主伦理学》，载《杜威全集·早期著作（1882—1898）》（第一卷），张国清等译，华东师范大学出版社2010年版，第175—176页。

上，且前者容忍奴隶制而后者实质上是贵族制。通过罗马城市体制的遗留，中世纪的意大利曾再现过一些共和国，但它们大多无法长久地维持生存，且从性质上看更属于寡头的统治而非人民的统治。只是在英国，源于部族自由的大众民主因素才在宪法中逐渐得到了扩展，并因其海岛的性质而得以保留。之后，伴随着英国代议制的确立、欧洲大陆各国对其的钦慕和模仿、卢梭等少数思想家的理论鼓动和宣传，特别是美利坚合众国的成功，"主权在民"才慢慢成为有教养阶级和普通民众热衷追求的愿景，并最终与广泛的选举相结合，造就了更新式和极端的大众政府形式，即民主。梅因总结道，走向民主的运动事实上是极为偶然的，而非不可避免和不可抗拒的。毕竟在特殊的美国式民主建立之前，更能看清的历史趋势是朝向君主制的，这从各种专制形式的确立不断获得大众的热情欢呼就可以看出。

　　在梅因看来，民主制虽然具有一些不可否认的优点，但与君主制和贵族制相比，它面临的困难更多。故而就连美利坚合众国的建国之父们，也曾苦恼于在所能采纳的民主政府形式上可参考的经验太少。由于大多数人越来越试图将权力置于自己的直接掌控之下，这种困难会日益加重，而不是减轻。从根本上说，梅因认为，民主政府在治理上的困难源于一个难以解决的悖论，即一方面作为主权者的人民可以是全能的，但另一方面他们却无法做到全智。从理论上看，大多数人是能够进行统治的，由此得出的推论就是他们必然追求大多数人的最大利益，从而可免受险恶利益的影响。然而在实践中，他们却只能够听取一个人或有限的少数人的意见，然后做出决定，因为作为主权者的人民其实无法充分认识自己的利益，毕竟在他们当中有着太多的无知者。况且，当拥有权力的人非常多时，每一个人可以运用的权力份额就相应地变得很小，于是在这种情况下善于收集零散的权力碎块的操纵者将成为最终的支配力量。

梅因还补充道，大多数人之所以没有办法真正地成为政府权力的直接掌控者，还因为其统一意志的形成殊为不易，特别是在现代不妥协派日渐增多的情况下更是如此。即使大多数人真的能够通过协商和直接的投票而做出决定，民主制体现的也只能是大众的平均观点，而这往往被证明是一种平庸的观点。在梅因看来，以往的民主实践表明，民主最大的问题在于无法产生秀异的、有知识的贵族阶层，而人类有史以来的几乎所有发明创造和科学进步却都出自他们。民主常被人认为在革新立法方面具有优势，然而梅因却通过脱谷机、动力织布机、珍妮纺纱机等实例说明，大众的统治带来的可能是对新技术的阻碍。民众无法摆脱对自己眼前利益的关心，因此在大众的统治下，会损害即时利益的发明创造，或者要靠长期的检验才能证明其优点的技术革新，必然被他们搁置、推迟、压制。

尽管所需面对的困难既多且广，但在各种民主意识形态，特别是先验的自然权利理论的鼓动下，民主在各个地方的推进仍然最终汇聚成了一股难以阻挡的洪流，而主权应属于共同体和人民也成了时髦的口号。为了让大多数人能更好地参与政治政府和分享政治权力，选举权的范围不断被扩大，而公民投票、公民复决等形式也先后被法国和瑞士所采纳。这种极端的大众政府形式被认为就是民主。可这种民主极为脆弱，它以前述全

能和全智之间难以克服的鸿沟为特征。梅因还指出，法国公民
通过投票确认的是一位专制者统治的合法性，而瑞士公民的复
决则推翻了有经验的政治家们支持的重要法案。这些都说明，
过于仓促和盲目地引入民主给一些国家带来的可能并不是幸福
的前景，而是灾难性的后果。

　　总体而言，梅因对民主的快速推进抱有疑虑，但把他看作
只是在抨击民主显然是不正确的，事实上他承认有着很强大众
因素的政府形式是好的政府形式。虽然梅因不断提醒人们注意
民主制存在的各种困难，但他仍相信可以从既往的政治经验中
找到对其进行矫正和救治的办法。代议制是他首先提到的一种
发明，而它在英国的成功实践是以代表们免受选民指令的束缚
为特征的。随着选民委托要求的日益明确，加上平民院人数过
多，内阁逐渐发展起来并在实际上操控了议程和权力。这个议
会中的"少数人的委员会"由于能够很好保守秘密从而克服了公
开议政可能带来的弊病，但从另一个方面来看，却很难说它是
民主的机构。政党是另一种缓解民主政府治理困难的发明，它
的产生源于人类好斗的天性。由于党派竞争活动大多具有不道
德的色彩，而且常常伴随着腐败，故此党派本身也越来越成为
需要解决的问题和需要加以控制的对象。

　　那么，在这两种发明之外，还有其他更好的方法吗？梅因
的回答是肯定的。通过对美国宪法的考察，他试图表明，民主
在拥有明智的宪法和各种安全的制度防护措施的情况下，可以
长久维持并取得成功，至少可以是过得去的。这些制度防护措
施包括：赋予总统足够的行政权，但又通过任期限制等方式对

其权力进行审慎的限制；建立议会中的委员会体制和制定明确的议事规则，提高立法效率；让最高法院来解释宪法，裁决权力争端及法律的合宪与否问题；规定极为繁琐的修宪程序，确保基本宪政结构的稳定和维护宪法高于普通法律的权威……梅因强调，这些预防措施不是凭空想象出来的，它们是美国制宪者们根据英国民主实践中出现的弊病而试图进行规避、事先做出防范的结果，有的预防措施如组织良好的第二院甚至是直接承袭自英国的，其中也体现着美国制宪者们的非凡的政治才智。

　　读完这些文章之后，相信读者们会同意，给梅因简单地贴上"反民主人士"的标签是不公正的。虽然根据某些国际组织的统计，在21世纪初时，世界上的民主国家已经有100多个。但正如近年来人们所看到的，现实中由于缺乏必要的自我控制而导致不民主和治理低效的民主国家也有很多，而民主的崩溃和回潮更是屡见不鲜。在思考如何才能巩固民主这个问题时，借鉴既有民主国家成功转型的有益经验显然是必不可少的。如今，围绕这个主题的著作已经很多了，不过仔细读读梅因的《大众政府》肯定还是能够使我们在历史地、冷静地考察民主方面再增多一些识见和智慧。

目　录

序　言

接下来的四篇文章是与我的一些研究相联的，而我一生所
能够支配的大部分空闲时间也都奉献给了这些研究。多年以前，
我曾在《古代法》一书中尝试应用所谓的历史方法（Historical
Method），以探究人类的私法（private laws）和制度。但是，从那
项工作的一开始，我就发现有许多先验的理论挡着道，它们满
足了绝大多数人对于过去的好奇心，并使他们丧失了对未来的
推测能力。这些先验理论的基础是先于所有现实制度的自然法
和自然状态的假定，以及与自然状态相适应的一个假想的权利
和义务体系。自然状态的逐渐恢复被看作与人类制度的逐步完
善是一回事。在对这些理论的真正起源和真实历史进行绝对必
要的考察过程中，我发现它们所依赖的哲学基础很脆弱；但与
此同时，它们在支撑善与恶两者时可能都表现得极为有力。与
自然和自然法直接相关的一个特征就是简洁。故此，我谈到的
这些先验理论，通过使私法更简明或清除私法中不规范的术语
给私法带来了很多有价值的革新，虽然给英国的私法所带来的
要少于给其他国家的私法所带来的。此外，这些先验理论对国
际法的产生也做出了相当大的贡献。因此，它们多多少少有助
于减轻腥风血雨式的争端，而在人类的整个历史中这种争端始
终与人类相伴。但另一方面，依我看来，这些先验理论也使人

类的智力失常了，并因而使它在18世纪末陷入了过度放纵之中。同时，对所有关于社会演进和法律发展的历史探究，这些先验理论都抱有错误的偏见。

　　把历史方法应用于人类的政治制度，一直是我的心愿和希望。但是，要探究这些制度的历史，并通过探究的结果来尝试评估它们的真正价值，又会受到一大堆观念和信仰的严重阻碍。这些观念和信仰都是在我们这个时代逐渐形成的，它们以一种特定的政府形式为主题，即那种极端的、被称为民主的大众政府形式。在与大众政府相关的这些观念中，有一部分在欧洲很流行，它们是从对大众政府实际运作的评论中推导出的（这些观念值得所有人的尊重）；而更大的一部分，则只是以一种改变过的和伪装过的形式复制了英国宪法或美国宪法的技术性规定。但我觉得，这个主题上的大多数观念就像我谈论过的法学理论一样，是被先验地构想出来的，而这些观念却在不断同化或取代所有其他观念。事实上，它们是从自然状态假定出发的另一组推论。这些观念的真正来源在欧洲大陆从未被遗忘，在那里，它们众所周知的来源是让-雅克·卢梭（Jean-Jacques Rousseau）的教导。卢梭相信人类是从原始的自然状态中产生的，而其产生的过程使得除民主以外的每一种政府形式都变得不合法了。在这个国家①，人们常常不会明确地甚至不会有意识地提到这些观念的真正起源，尽管它们的真正起源会因为它们所得以表达的语言而不断地显露出来。与其他每一种政府形式相比，民主通常被看作具有内在优势。它应该在一种不可抗拒的和命中注定

────────────

① 本句中的"这个国家"指英国。本书注释包括原注和译者注，如无特殊说明均为译者注。

的运动中向前推进。它被认为会给人类带来满满的福祉；然而，即便它不能带来这样的福祉，甚或被证明会带来很多严重的灾难，也被认为不应该受到指责。上述都是这样一种理论的常见特征：它声称拥有一个非历史的、无法检验的黄金时代①作为凭证，而声称自己不依赖于经验和观察。

半个世纪以来，一种先验的政治理论已经在西方所有的文明社会里取得了进展，而一系列的政治事实也已经在它旁边显露出来，我觉得应对它们进行更多思考。六七十年前，一位政治学研究者会主要采用演绎的研究方法，这是不可避免的。杰里米·边沁并不关心久远的历史，在他面前的就只有英国宪法，因此他是根据自己特殊的哲学并从一个私法改革者的角度来看待英国宪法的。除此之外，他还有少数由短暂的美国宪法经验②提供的事实，以及短暂的法国民主政府实验，而后者是有关民主政府的经验中最不成功的。但从 1815 年起，特别是 1830 年以来，大众政府已被引入几乎所有的欧洲大陆国家，并被引入所有西属美洲(Spanish America)，包括其北部、中部和南部。这些新制度的运作给我们提供了大量生动鲜活的事实。与此同时，古老的英国宪法自身也一直在被修改，其修改速度之快是边沁时代所不可能预见到的。我猜想，观察敏锐的英国人在面对 1884 年夏秋之季弥漫的躁动时，很少有人不会因发现自己国家的宪法(在古老的语言和古老的形式的遮盖之下)被改变了这么

ix

---

①　卢梭原话是"为原始时代愚昧的人们所感觉不到的、为后代已经开化了的人们所错过了的那种黄金时代的幸福生活，对于人类说来将永远是一种陌生的状态了"。参见卢梭：《社会契约论》，何兆武译，商务印书馆 1980 年版，附录 191 页。

②　美国宪法制定于 1787 年，生效于 1789 年，而边沁卒于 1832 年。

多而感到震惊。① 另外，美国联邦宪法提供了一些预防大众政府缺点的安全措施，而这些措施始终都在以最引人瞩目的方式证明着自身具有强大的力量。因此，大量的新事实已经在几乎所有文明世界里形成。在后面的这些论文中，我将尽力用这些事实来检验在我们这个时代正流行的关于大众政府——随着它趋向民主——的观点的价值。

x　　否认人类受惠于大众政府的好处，可以说是无知或者不诚实的，尽管大众政府也带来了一些灾难。然而，如果说在本书第一次印刷时的三篇论文中，我所得出的结论有一些近于真理的话，那么在这个主题上通常所做出的一些假定就必须被抛弃。在《大众政府的前景》这篇论文中，我已经表明，大众政府从其被再次引入这个世界起，就已经证明了自己事实上是极其脆弱的。在《民主的性质》这篇论文中，我给出了一些理由来说明，为什么我认为它所趋向的那种极端形式是至今为止所有政府形式中最为困难的。在《进步时代》中，我指出，大众政府就像现代人所理解的那样，似乎要求反复不断的变化，而这与支配人性的常规力量不相协调，并因而容易导致痛苦的挫折和严重的灾难。如果我的观点在某种程度上是正确的话，那么大众政府——尤其是随着它逐渐接近民主的形式——将耗尽世界上所有的政治智慧和才能，方可使它免遭不幸。幸运的是，如果说一些事实预示着大众政府的持续和成功会有问题的话，那么另

① 19世纪80年代初，由于英国经济的衰退，社会主义运动重新活跃起来。在群众性工人运动的压力下，自由党政府于1884年实行第三次议会改革，使部分农业工人获得了选举权，而选民总数也增加了一倍。

一些事实也表明，寻找救治其弊病的方法并没有超出人类理智的能力之外。为了展示后一类的某些事实，同时为政治学者（一旦从先验的假定中解脱出来）重建他的科学寻找素材而指明方向，我考察和分析了美国宪法。对于这个主题，国外似乎有很多的误解。有些人认为它是像智慧女神那样突然间从头脑中产生的，而这种看法与现代欧洲大陆关于民主起源的幻想极相适应。我试图说明，美国宪法的产生事实上是自然而然的，它产生自普通的历史先例。它与智慧的联系存在于那些睿智者的技巧之中，他们意识到它所承袭的某些缺点会因为它将被放置的新环境而变得更严重，就借此技巧给它提供了旨在减轻这些缺点或完全消除这些缺点的制度安排。在我看来，美国宪法的成功和这种美国制度的成功，与其说是因为放任大众的冲动不管，不如说是因为巧妙地控制了大众的冲动。当英国宪法不知不觉地把自己转变成一个被重重困难所包围的大众政府之时，美国联邦宪法却在一个世纪前就已证明，它发现有几种权益之计可以极大地减轻甚至完全克服其中的一些困难。

出版这些曾刊载于《每季评论》的文章，不仅使我获得了比单篇论述抽象政治和广义政治的论文——它对激烈的政党论战几乎没什么影响——所能预期的更多的读者，而且使我从本书面世前收到的大量批评中得到进一步的教益。在所有评论中，阿克顿勋爵的评论尤为重要。这些出自他渊博学识和深邃思想的评论使我受益匪浅。

H. S. 梅因
1885 年于伦敦

论文一
大众政府的前景

1 　　法国的特权阶级对即将推翻他们的大革命毫无察觉，这是现代史上老生常谈的东西。毫无疑问，这样的毫无察觉会令我们感到惊奇。国王、贵族和教士当局者迷，外国观察家却旁观者清。"简而言之，"切斯特菲尔德①在1753年12月25日的信中就此展开了著名的论述，"我所遇到的历史上先于政府大变革和革命的所有那些征兆，现在就存在于法国，而且日渐增多。"我们今天的许多作家展现了"事后诸葛亮"式的聪明，他们指出关于一个可怕时代的预兆本不应被弄错。王廷、贵族和教士本来应该认识到，在不信教（irreligion）一天天变得流行之时，对于因出身而赋有特权的信仰也不可能长久维持。他们本来应该从

2 其他等级那强烈的嫉妒中意识到政治骚乱迫近。他们本来应该做好准备，以应对由农民们那贫困和悲惨的生活而导致的剧烈的社会大动荡。他们本来应该从财政的混乱和税收的严重不平等中察觉到革命的直接原因。他们本来应该足够聪明，应该懂得整个结构的所有方面都已受到了损害，而一个庄严肃穆却声

---

① 即菲利普·多马·斯坦霍普，第四代切斯特菲尔德伯爵（Philip Dormer Stanhope, 4ᵗʰ Earl of Chesterfield, 1694—1773），英国著名政治家、外交家和文学家。他写给儿子及继子的书信被结集出版，风靡欧洲各国，成为西方贵族式教育的典范。

名狼藉的宫廷是它的拱顶石。"漂亮的亚米达宫(Armida Palace)啊！里面的居民过着令人销魂的生活，谄媚的轻柔音乐萦绕着他们，世界上光彩夺目的东西招待着他们。可令人惊叹的是，悬吊着这个宫殿的只有一根头发。"①

　　虽然切斯特菲尔德援引了历史，但细心的现代历史学家或许会认为，法国贵族和教士对革命的毫无察觉是完全可以原谅的。君主制当时看起来比任何现存的欧洲制度都有更深的历史根基，在其广阔的庇护下，所有的特权都增长了，且似乎很兴旺。现如今组成法国的那些国家，从粗野的高卢自由起就没有过大众政府的经历。② 之后，它们就进入到了罗马行省(Roman province)那严格管理、强有力统治、赋税很重的状况中。有人曾对法国正在崛起的那群年轻的、有学识的历史学家做过调查，这些历史学家对日耳曼人是否给高卢人带来了自由仍持有疑问——日耳曼人有时被认为是在复兴自由的同时释放了自己的野蛮。这些历史学家认为，日耳曼人所带来的只不过是日耳曼人对罗马特权阶级的继承罢了。日耳曼人的首领分得了那些半官方和半世袭的贵族的巨额财产，并承袭了其社会地位，而这个行省有很多的贵族。一位日耳曼国王统治着高卢和中欧的大部分土地，而他事实上只是一个拥有野蛮人头衔的罗马将

3

---

　　①　Carlyle, *French Revolution*, i. 4.——原注
　　②　法国最早的居民是高卢人。公元前1世纪恺撒占领了高卢全境，后高卢被分为四个行省，受罗马统治达500年之久。5世纪日耳曼蛮族部落的一支法兰克人征服高卢，建立了法兰克王国，其中的西法兰克是现今法国的雏形，不过在本书成书时法国已是一个庞大的殖民帝国。

军。① 当他的家族被另一个家族取代而使后者占据王位时②，新
的权力就开始用旧罗马帝国的样式来装扮它自己了。而最后，
当第三个王朝③兴起时，与其相联的君主制就逐渐显示出了比欧
洲其他任何一种政治制度都更多的活力和生机。从雨果·卡佩
登上王位到法国大革命，差不多有 800 年。在这段时间里，法
国王室的权力稳步增长。英国那屡屡获胜的军队被它弄得疲惫
不堪，然后被它击退。经过宗教战争之后，法国王权变得比以
前更强大了，而英国的王权却因此威风扫地，且再也没能从这
猛烈的打击中完全恢复过来。④ 法国王室的力量、权威都得到了
增强，直到所有人为之目眩，并已成为所有国君的楷模。它的
政府及其与臣民的关系，看上去给切斯特菲尔德留下了某种不
好的印象，但并没有给所有人都留下那样的印象。在切斯特菲
尔德写下那句话的 11 年前，一位细心的观察家大卫·休谟⑤也
曾于 1742 年就法国写道："虽然所有类型的政府在现代都有所
改进，然而君主制政府似乎取得了最大进展，且臻于完美了。

---

① 指法兰克王国创立者克洛维(Clovis，466—511)，他曾靠皈依基督教的行动获
得了教会和罗马贵族的支持，508 年东罗马帝国还曾授予他执政官称号。
② 在克洛维所开创的墨洛温王朝的后期，宫相矮子丕平篡位称王，开创了加洛林
王朝(751—987)。
③ 指统治法兰西王国的卡佩王朝(987—1792，1814—1848)，第一代国王为雨
果·卡佩(Hugh Capet，987—996 在位)。1328 年后，其王室转移到了卡佩的旁系家族，
分别称为瓦卢瓦王朝(1328—1589)和波旁王朝(1589—1792，1814—1848)。
④ 法国的宗教战争又名胡格诺战争(1562—1598)，共有 8 次，是法国天主教势力
同新教胡格诺派之间进行的一场战争，通常认为战争的结束使法国王权得到了振兴。
英国内战(1642—1651)又被称为清教徒革命，其结果是清教徒控制的议会军战胜了国
王的军队(大多为英国国教徒和天主教徒)，查理一世被处死，而英国则逐渐地朝议会
君主制方向发展。
⑤ 1734 年休谟第一次到法国，开始研究哲学，并从事著述活动。1763 年休谟又
去法国，担任英国驻法国使馆的秘书，代理过公使。

如今它可以被确认为是文明的君主国了，而'文明的'一词先前
只被用来形容由法律而非人来统治的共和国。这些文明的君主
国被视为有秩序、有条理、稳定的，且达到了令人吃惊的程度。
财产在那里是安全的；工业得到了促进；艺术繁荣兴盛；而生
活在其臣民之中的国王就像生活在其子女之中的父亲。"休谟还
特别补充道，他在英国这样的自由政府中看到了比法国更多的
"堕落之源"，而后者是"纯粹君主国的最完美的样板"①。

　　不过，休谟的结论无疑是错误的，而切斯特菲尔德则是正
确的。说法国特权阶级本应预见这场伟大革命，只是因为它确
实发生了。然而，如果我们只是惊奇于他们对革命毫无察觉，
然后还带着一副有高人一等的智慧的样子对此表示遗憾，那么
时间就都被浪费掉了。一位现代讽刺作家曾把"假定"解释为关
于本应发生但实际上没有发生的事情的科学，紧接此我们也可
以说，没有什么研究比对能够预测但从未被预测到的事情进行
研究更无利可图的了。更有助益的是，把法国上层阶级的精神
状况看作历史上最值得关注的事实，然后问我们自己，它是否
向其他时代的人（而不是他们那个时代的人）传达了一种警示。
这样的推理路线起码是有趣的。我们这些 19 世纪末的西欧人也
生活在除少数人外都认为可能是永久的一套制度之下。十分之
九的人要么带着期盼，要么怀有恐惧地把大众政府——它通过
拓宽自己的基础在这个世界上得到了扩展，并且在持续扩
展——看作注定要永远持续下去的，或者说如果它会改变其形
式，那么也只会朝某个单一的方向改变。民主的原则在向前征

①　Hume, Essay XII, "Of Civil Liberty". ——原注

服且持续征服，使它的反对者变得既少又软弱。一些天主教徒（受其思想的影响当今教皇的外交使团还没有抛弃上任教皇的《谬误大纲》①），尤其是为数众多的法国和西班牙的正统派（Legitimists）②，以及流亡的德意志、意大利君主们身边那个小圈子里的少数年老臣子，可能仍然相信民主优势的阴云会消散。他们的希望或许就像他们的遗憾一样都是徒劳。尽管如此，想到同样对现在的永恒充满信心的人将来会有的惊讶，一些人会问自己，期望这种类型的现代政府在事实上永恒存在，是否真的在过去的历史经验和未来的理性可能性方面都拥有坚实的基础。我在接下来的论述中将尽力地考察这个问题，但与那些受某种精神驱动而要么带着热情要么带着绝望看待民主来临的人相比，我所抱持的精神是不同的。

　　这种在全世界所有文明中都占优势的或趋向于占优势的政治体制，通常有很多名称，我选择了"大众政府"③这个名称，总体而言它是争议最少的。但是，我们在西欧政治中所见证的，与其说是一种明确的体制的建立，不如说是建立这种体制的过程在以不同的速度延续。事实上，在这两百年里，有关政府的观念，或者说（正如法学家们所说的那样），有关统治者和国民、政治上位者和政治下位者关系的观念一直在转变，尽管有时是

---

　　① 文中的"当今教皇"指利奥十三世（1810—1903），"上任教皇"为庇护九世（1792—1878）。后者是最后一任兼任世俗君主的教皇，曾在1864年颁布《谬误大纲》，反对政教分离，重申教会对世俗事务的权力，主张教皇的"无谬性"。

　　② 正统派在法国原指拥护查理十世的孙子尚博尔伯爵就任国王的人，1883年波旁王朝直系绝嗣后，法国的正统派发生分裂，一部分最保守的正统派转而同西班牙的卡洛斯派合流，拥立卡洛斯之子唐·胡安为"法国、纳瓦拉、西班牙和耶路撒冷国王"。

　　③ 读者们将看到，我在整本书中尽力地从其恰当的和始终一贯的意义上来使用"民主"这个术语，即它是一种特定的政府形式。——原注

部分和缓慢的，而有时是普遍和快速的。关于这种转变的特征，约翰·斯图亚特·密尔在其《论自由》前面几页里已经做了描述，斯蒂芬法官①最近在其《英国刑法史》中也对此做了描述。斯蒂芬非常鲜明地运用了关于政府的新旧观念对比，来说明两种关于煽动性诽谤(seditious libel)的法律观念之间的区别。我将引用斯蒂芬的一个段落，它不像密尔的语言那样因为作者的特殊偏好而被渲染过重：

> （詹姆斯·F.斯蒂芬爵士说）这两种不同的观念可以从统治者与其国民之间关系的角度来加以考虑。如果统治者被看作国民的上位者，并根据其地位的性质而被假定为睿智的和良善的，是全体民众正当的统治者和引路人，那么随之而来的就必然是：公开责难他是错误的，即使他错了，他的错误也应当在带着最大程度敬意的情况下来指出，而且不论他错了还是没错，任何可能损害或意图损害其权威的责难都不应指向他。另一方面，如果统治者被看作代理人和仆人，而国民被看作睿智的和良善的主人，他们不得不把权力授予所谓的统治者是因为他们一大群人无法亲自运用它，那么很显然上述观点就肯定要被倒转了。现在公众中的每个成员在指责统治者时就是在亲自行使属于全体的那种权利了，而他构成了全体的一部分。他正在找他自己的仆人的过错。②

---

① 英国维多利亚时代著名的法官和法制史学家，全名为詹姆斯·F.斯蒂芬(James F. Stephen, 1829—1894)，主要著作有《自由·平等·博爱》《英国刑法史》等。

② Stephen's *History of the Criminal Law of England*, ii. 299.——原注

8　　　　目前欧洲各国施行的政治制度对应于从旧观念向新观念转变的不同阶段，即从"统治者被假定为是睿智的和良善的，是全体民众正当的统治者和引路人"，转向"统治者是代理人和仆人，而国民是睿智的和良善的主人，他们不得不把权力授予所谓的统治者是因为他们一大群人无法亲自运用它"。欧洲国家里只有俄罗斯和土耳其完全拒绝政府所掌握的权力来自共同体授予这种理论。其中"共同体"（community）这个词的含义有些模糊，但它越来越倾向于至少指生活在特定区域内的所有成年男子。在欧洲大陆，这种理论以国民主权理论（theory of national sovereignty）而为人所知，它已被法国、意大利、西班牙、葡萄牙、荷兰、比利时、希腊和斯堪的纳维亚国家完全接受。在德国，这种理论被皇帝及其有权势的大臣①再三地否定，但他们很大程度上是遵照它来行事的。英国则自成一派，而这对它来说并不罕见。再也没有哪个国家会比英国更加彻底地把关于政府的新观念应用于实践，但几乎所有关于法律和宪法的话语体系都仍然是与旧观念相适应的。

　　虽然从英国的法律用语中不能做出如下的推断，可我们今
9　天的现代大众政府无疑纯然起源于英国。② 在它出现于英国时，欧洲已有一些共和国了，但它们没有发挥道德上的影响，政治上的影响也很小。虽然它们中的大多数实际上是寡头制，但它们被认为可算作平民的政府（plebeian governments），而君主制国家拥有比它们更高的合法地位。"欧洲的共和国，"休谟于1742

---

　　①　指德意志帝国皇帝威廉一世及其宰相奥托·冯·俾斯麦。
　　②　1649年，英国议会曾正式宣布"英国为共和的和自由的国家，由民族的最高主权管辖之"，不过这段共和时期很短。

年写道，"目前都以缺乏礼貌而著称。瑞士人的文明礼貌是在荷兰培养的①，而它对法国人来说带着股乡土气。英国人某种程度上也受到同样的责难，尽管他们有学识和天赋。而如果说威尼斯人是一个例外的话，那么这或许可归因于他们与其他意大利人②的交往。"如果那时有人称自己为一个共和主义者，他所想到的会是雅典或罗马那样的共和国。雅典在某段时间里就某种意义上讲是民主制，而罗马自始至终都是贵族制，但这两者都用最极端的严厉手段统治着一个附属于它们的帝国。③ 事实上，关于政府的新原则完全是在英国建立起来的，而休谟总是把英国归为共和国而不是君主国。④ 在急风骤雨般的内部斗争之后，政府服务于共同体的学说就在 1689 年从精神上（如果不是从言语上的话）被确认了。但是，到该学说被这个国家完全贯彻或者被其统治者完全接受，还要等很长时间。威廉三世⑤只是一个外来的政治家和军官，他屈从于国民的癖好，只是为了在对外战争中能使用他们的财富和武器。令人称奇的是，在这点上，麦考

10

---

① 本小句原为卢梭所说，而这里的几句话出自休谟的论文《谈艺术和科学的起源与发展》，参见休谟：《休谟政治论文选》，张若衡译，商务印书馆 2010 年版。

② 意大利在 1871 年统一前处于四分五裂的状态，当时存在时间较久的除威尼斯和热那亚等共和国外，还有教皇国、西西里王国、托斯卡纳大公国和那不勒斯王国等君主国。

③ 雅典本身是一个城邦国家，但它曾组织中部希腊、爱琴海诸岛和小亚细亚的一些城邦成立提洛同盟，由雅典来指挥其军事和外交，希波战争后该同盟逐渐变成雅典控制盟邦的工具，于是便最终转化为雅典帝国。

④ 参见休谟：《英国政体究竟更倾向于君主专制，还是更倾向于民主共和制？》，载《休谟政治论文选》，张若衡译，商务印书馆 2010 年版。

⑤ 威廉三世出生于荷兰奥兰治家族，他娶了英王詹姆斯二世的女儿玛丽为妻，1688 年光荣革命后，威廉三世与其妻玛丽一起被拥戴为英国国王，条件是必须接受议会 1689 年通过的《权利法案》。

莱①与路易十四的观点出奇地一致，后者曾在对他的外交使节的指示(相关文件已于近期出版)中表明过自己的观点。安妮女王当然相信她自己近似神的统治权利，而乔治一世和乔治二世是跟威廉同类型的更谦卑的国王，他们认为正当的和合法的政府形式将在汉诺威而不是英国找到。②直到乔治三世时期，英国终于有了一位更关心国内政治而非对外战争的国王，这种学说就被完全否定了；人们也不能说政府服务于共同体的学说真的被任何一位英国统治者所认可过——也许要把当前的这个统治时期除开在外。但是，即使是在对法国大革命的恐惧到达其最高点的时候，那位或因把人民奉为"唯一合法的权力来源"而陷入被起诉的极大危险之中的政治家③，也总是能够通过高扬"应把汉诺威王室置于御座之上的那些原则"而使自己幸免。在此期间，政府服务于共同体的原则越来越成为政府的实际规则，而且在乔治三世去世之前，这种原则就已经在欧洲所向披靡。

11　　到上世纪中叶，首先为英国人所知晓的大众政府才通过某些法国思想家对它的钦慕而开始引起了欧洲大陆的兴趣。起初吸引他们的不是英国人的自由，而是英国人的宽容，以及英国人的不信教。其中后者只是一部分英国人所经历过的最短暂的

---

① 指托马斯·巴宾顿·麦考莱(Thomas Babington Macaulay, 1800—1859)，英国历史学家、政治家，著有《自詹姆斯二世和威廉三世即位以来的英国史》，影响很大。

② 乔治一世和乔治二世都来自德国汉诺威家族，他们既是英国国王又兼任汉诺威的选帝侯。其中乔治一世是汉诺威选帝侯奥古斯都和英国国王詹姆斯一世的外孙女索菲亚的儿子。1714年，英国安妮女王驾崩无嗣，乔治一世根据《王位继承法》继承英国王位，但他和儿子乔治二世仍经常往返英国和汉诺威。

③ 可能指英国资深政治家、辉格党人查尔斯·詹姆斯·福克斯(Charles James Fox, 1749—1806)。他曾在1798年的一次晚宴上祝酒，并说"向我们的君主——人民干杯"，结果被免去枢密院顾问官的职务。

一个阶段，却给外国观察家留下了那样深的印象，以至于本世纪初①我们发现拿破仑·波拿巴宣称教皇支持他才是正当的，因为他是英国异教徒的敌人。渐渐地，法国有教养的阶级开始对英国政治制度感兴趣了，而所有大陆国家有教养的阶级又都追随着他们。然后发生了两件事情，其中的一件极大地促进了大众政府的扩展，而另一件极大地阻碍了大众政府的扩展。第一件事就是美利坚合众国的建立。美国宪法是具有英国特色的；正如弗里曼先生②敏锐评论过的那样，这单从它采用两个议院，而非一个议院、三个议院或更多个议院作为立法机构的常态结构就可以证明。事实上，它是被精心调整以适应于一群英国人的英国宪法，而这些人与世袭国王和名门贵族没有什么关系，且已经决心摆脱他们。在美利坚合众国的极大影响下，大众政府才得到了人们的赞同。它证明了曾经流行的那个假定——没有一个共和国能统治一大片土地，没有一个严格意义上的共和制政府能够保持稳定——是错误的。但是，这个共和国引起人们注意首先是因为其他原因。现在，欧洲大陆的人在赞美大众政府的时候可以不用再忍受不得不赞美英国人的痛苦了，而英国人直到最近仍是欧洲各民族中最不受欢迎的。特别是曾帮助过美国人并使其赢得独立的法国人，他们自然要赞美由他们自己间接创造的美国制度；而未曾给美国独立战争提供过帮助的

12

---

①　段首的"上世纪"指 18 世纪，此处的"本世纪"指 19 世纪。

②　指爱德华·A. 弗里曼（Edward A. Freeman, 1823—1892），英国历史学家和自由主义政治家。他的著作有很多，这里梅因所提及的应该是他出版于 1873 年的《比较政治》一书。

法国人，则把美国人看作以富兰克林①为代表的自由的人。伏尔泰学派的人喜欢他，因为他不信任何东西②；而卢梭学派的人也喜欢他，因为他披着一件贵格会（Quaker）的外衣。另一件强有力地影响了大众政府命运的事情就是法国大革命，从长远看，它使大众政府成了令人恐惧的对象。法国人在他们的新宪法③中首先遵从了英国的模式，然后遵从了美国的模式，但在这两种情况下又都大大地背离了其原型，结果都是可悲的失败。政治自由因为恐怖统治而陷入了名誉扫地的境地，花了多年时间才得以修复。在英国，对大革命的憎恶直到 1830 年才停止影响政治。但是，在国外，在 1814 年和 1815 年，人们对更老式的大众政府有了反应，而且通过效仿英国宪法及做出很微小的改变来使自由和秩序相结合也被认为是可能的了。这样一种思想状态的产生是基于对自由的渴望，再加上对法国试验的讨厌，而欧洲大陆的立宪运动本身正起源于它。英国的政治模式得到了法国的遵从，得到了西班牙和葡萄牙的遵从，得到了荷兰和比利时（荷、比结合成为尼德兰王国[the kingdom of the Netherlands]④）的遵从；然后，在很长的间歇之后，又得到了德国、意大利和奥地利的遵从。

因此，现代大众政府的原则的确立迄今不到两个世纪，而在英国及其属地之外的实际应用还不到一个世纪。那么，一些从不同程度上贯彻了这个原则的国家的政治史是怎样的呢？这

① 本杰明·富兰克林曾于 1776 年担任美国第一任驻法大使，富有感染力的个性使他在法国获得了空前的成功，赢得了法国人民对北美独立战争的支援。
② 伏尔泰曾尖刻地抨击过天主教会的黑暗统治，他否定迷信和各种违反自然规律的"奇迹"，但严格来说他和富兰克林都是自然神论者。
③ 这里指的是法国 1791 年宪法和 1793 年宪法。
④ 1830 年后比利时独立，自此尼德兰王国就专指荷兰王国。

种研究显然非常重要，并且很有意义。可是，虽然相关资料很容易获得，且的确很大程度上仍存在于活着的人的记忆中，但很少有人去梳理它们，或者梳理得很不完善。在今天，人们通常假定，大众政府可能会无限期地持续下去，那么实际经验多大程度上支持这个假定呢？我带着想在合理的时空限度内弄清楚它的想法而独自承担起了这项研究。我将首先考察法国，它是从模仿英国开始的，然后以采纳美国模式而告终。自政治自由被引入法国起，名义上被赋予全部国家权力的既有政府曾被巴黎群氓（mob）①在1792年、1830年和1848年推翻了三次。②它也被军队推翻了三次。第一次是在1797年9月4日（果月18日），当时大多数督政官（Directors）在军人的帮助下宣布48个部门的选举无效，然后驱逐了56名两院议员，还审判和流放了他们自己的两位同僚③。第二次军事革命是由年长的波拿巴在1799年11月9日（雾月18日）完成的。而第三次则是由年轻的波拿巴在1851年12月2日完成的。④法国政府还因为外来的入侵而在1814年、1815年和1870年三次被推翻⑤，其中每一次入侵都

14

---

① "mob"在中文里常被译为"暴民"，因其表达的语气过于强烈，故本书译为"群氓"。要注意的是，该词常指聚在一起做出非理性行为的人群，带贬义。

② 1792年，巴黎人民起义，推翻了君主政体，结束了3年来君主立宪派的统治；1830年，法国七月革命，推翻了复辟的波旁王朝；1848年，法国二月革命，推翻了七月王朝。

③ 果月政变是督政府中的共和派督政官为镇压王党复辟活动而组织的政变，在当时的五名督政官中，勒贝尔、拉勒维里和巴拉斯都赞同以武力对抗复辟危险，巴泰勒米坚决反对，卡尔诺则不愿合作，于是后两人和部分王党议员一起被流放圭亚那。

④ 后一个波拿巴（路易·拿破仑·波拿巴）是前一个波拿巴（拿破仑·波拿巴）的侄子。

⑤ 1814年，法兰西第一帝国皇帝拿破仑因反法联军的入侵而被迫签署退位书；1815年，重新掌权仅百日的拿破仑因滑铁卢之战失败而被迫再一次宣布退位；1870年法国在普法战争中战败，皇帝拿破仑三世（即路易·拿破仑·波拿巴）被废黜。

是由法国的侵略引起的，而这种侵略却又是大多数法国人民赞同的。总的说来，撇开 1870 年至 1885 年这段反常的时期不算，法国自开始其政治试验以来，有 44 年的自由和 37 年严厉的独裁。① 但必须记住的是，这段历史有一件很令人称奇的事：老的波旁王朝的国王们在实践中给政治自由留出了很大的空间，却没有明确地认可现代大众政府理论；两位波拿巴无条件地称颂这一理论，却在实践中维持着严格的专制。

　　大众政府被引入西班牙之时，正当战争的危急时期，战争的进程无疑有利于威灵顿（Wellington）②和英国军队。特别议会（Extraordinary Cortes）③在加迪斯（Cadiz）④签署了一部宪法，从那时起它在西班牙政治中就以 1812 年宪法著称，而它的第一条就是宣告主权属于国民。斐迪南七世从法国重新回到西班牙⑤，他拒绝承认这部宪法，指责它是雅各宾式的。在大约 6 年时间里，他就像他的任何先辈一样是绝对的主宰。但是在 1820 年，列戈将军（General Riego）指挥着驻扎在加迪斯附近的一支大军，领导了一场军事起义，而群氓也参与其中，于是这位国王被迫接受了 1812 年宪法。1823 年，外国入侵者出现了，法国军队在神圣同盟（Holy Alliance）鼓动下进入西班牙，重新建立了斐迪南

---

　　① 我把 1797 年 9 月到 1799 年 11 月这段时间算进那 37 年中了。——原注
　　② 威灵顿是在滑铁卢战役中打败拿破仑的英军将领，后成为英国陆军元帅，并两次出任首相，被公认为是 19 世纪上半叶最具影响力的军事、政治人物。
　　③ 因其由拿破仑未占领地区的教会、贵族、军人和各界代表组成，故称特别议会。
　　④ 西班牙最南端的一个海边城市，也是欧洲最古老的城市之一。
　　⑤ 1808 年，继位仅两月的斐迪南七世被拿破仑骗到法国的巴约纳并迫使其退位，之后拿破仑的哥哥约瑟夫·波拿巴被立为西班牙国王。1813 年，拿破仑同意斐迪南七世担任西班牙国王，再次即位。不久，拿破仑帝国垮台，斐迪南七世恢复权力。

的专制统治，且一直维持到他去世。不过，大众政府由斐迪南遗孀重新引入，她成为其女儿的摄政女王。这无疑是为了加强伊莎贝拉相对于其叔叔唐·卡洛斯（Don Carlos）的对王位的继承权。① 我们不必再详细叙述之后的西班牙政治史。在南美的一些地方，人们标注大事时间依据的不是大的地震，而是完全没有地震的年份——这样的间歇期很少见。遵照相同的原则，我们也可以这样记录：在1845年后的9年里和1857年后的9年里②，西班牙存在着免于军事叛乱的相对自由，虽然不是完全的自由。就其政治史的剩余部分来说，我的统计是，从大众政府于1812年第一次建立到现今这位国王登基这段时期，有40次性质严重的军事起义，而且大多数都有群氓的参与。其中有9次完全成功，要么暂时废除了宪法，要么颠倒了使宪法得以实施的那些原则。我几乎不用再说，摄政女王克里斯蒂娜及其女儿伊莎贝拉都是在群氓的帮助下被陆军或海军赶出西班牙的；而现今这位国王阿方索③则是在1874年年底通过军方的宣言（pronunciamiento）才被置于王座之上的。人们普遍认为，他能自1875年起保持君位，要归功于他的一种新型的政治才能。每当他确信军队的反对是认真的时候，就更换他的大臣。

16

---

　　① 伊莎贝拉二世能够继承王位，有赖于斐迪南七世设法说服了西班牙议会废除萨利克继承法，而该法规定女性无权继承王位。在1833年伊莎贝拉二世继承王位之后，斐迪南七世的弟弟唐·卡洛斯亲王立刻发动了叛乱，其支持者不在少数，被称为卡洛斯派。
　　② 1854—1856年是西班牙历史上的第四次资产阶级革命时期。
　　③ 这里的阿方索指阿方索十二世，他是伊莎贝拉的儿子，随母亲流亡在外并接受了良好教育，1874年12月保皇派将领发动政变，宣布他为西班牙国王。次年，阿方索回国正式执政。

17 在德意志和除匈牙利外的奥地利①的版图内，大众政府或议会政府的真正开端不会早于1848年。从1815年到1848年，德意志政治中有意思的事情是德意志各共同体越来越微弱的抱怨。这些共同体想要迫使皇帝们②履行他们在独立战争（War of Independence）期间许下的对宪法的承诺，而皇帝们则企图想要躲避或规避其誓言。弗朗茨二世以自己的方式对这种普遍诉求表达了不满，当时他对匈牙利议会说："整个世界越来越愚蠢，并希望有新的宪法。"除了一些小邦外，德意志境内没有议会制度，直到大约1848年的时候，普鲁士国王不情愿地承认了唯一的立宪政府形式，而它在1848年过后也没能存活下来。③但是，一旦巴黎群氓撕碎《法国宪章》（French Constitutional Charter）④，并把宪法上的国王赶走，群氓与其惯常的伙伴——军队就开始影响德意志甚至是奥地利的政治了。遵照着法国模式，柏林、维也纳和法兰克福也会召集国民议会。可一年之内，所有这些议会就都被军队直接或间接地解散了。更近期的德意志宪法和奥地利宪法都是皇帝钦赐的。就作为

18 一个整体的欧洲而言，最为持久成功的大众政府试验成果要么是在像荷兰和比利时这样的小国家取得的，它们太弱而承受不了对外战争；要么是在像斯堪的纳维亚国家这样的国家

---

① 本书成书时奥地利帝国与匈牙利王国组成了联盟，后者有一定的独立性。

② 这期间有弗朗茨二世（Francis II）和斐迪南一世，他们同时为德意志邦联主席、奥地利皇帝和匈牙利国王，其中前者又被称为奥地利的弗朗茨一世。

③ 1848年，普鲁士的威廉四世宣布成立"自由派政府"，并召开制宪会议，但欧洲革命一结束，威廉四世即回归专制统治。

④ 应当是指拿破仑退位后复辟的国王路易十八钦赐的《1814年宪章》，次年路易十八还进行过第一次议会政治试验。

取得的，那里存在着政治自由的古老传统。古老的匈牙利宪法受内战影响太大，所以任何对它的推断都是不准确的。葡萄牙有段时间几乎像西班牙一样为军事叛乱所困扰，最近才从其中摆脱出来；在希腊，连国王所属的王朝都曾一度因为革命而改变。①

　　如果我们看向欧洲以外，看向英国属地圈之外，情况也没什么不同。在美国，1861—1865 年的内战与 1775—1782 年的战争一样，是一场革命战争。这场战争是一套原则、一种宪法学说的信奉者对另一套原则、另一种宪法学说的信奉者进行的战争。不过，美国政府是相对稳定的，否认这个最重要的政治事实将是荒谬的。但是，由此本可以推导出的一些结论，因为沿墨西哥边界线到麦哲伦海峡建立的许多共和国所提供的值得注意的景象，在很大程度上被削弱了，如果说没有因此而无效的话。对于这些说西班牙语的美洲共同体的全部政治史，即使是概述，也会用掉很多篇幅。曾有过一段时期，在它们中的某些共同体里，民众和军队之间不断地争吵；也曾有过一段时期，在它们中的某些共同体里，出现过像罗马皇帝卡里古拉（Caligula）②和康茂德（Commodus）③一样假以罗马人民的名义进行统治的暴君。谈谈

19

---

　　①　1862 年，希腊发生政变，推翻了来自维特尔斯巴赫王朝的国王奥托一世的统治，次年丹麦的威廉王子被推为希腊国王，被称为希腊人国王乔治一世，于是开始了格吕克斯堡王朝在希腊一百多年的统治。

　　②　全名盖乌斯·恺撒·奥古斯都·日耳曼尼库斯（12—41），罗马帝国第三任皇帝，被认为是典型的暴君。他建立恐怖统治，神化王权，行事荒唐，后被刺身亡。后世史家常用其童年的外号"卡里古拉"（意为"小军靴"）称呼他。

　　③　全名卢基乌斯·奥勒里乌斯·康茂德·安东尼努斯（161—192），罗马帝国安东尼王朝的最后一位皇帝，吉本在《罗马帝国衰亡史》中曾将康茂德定位为造成国家衰亡的第一人，见其第一卷第四章《康茂德残酷而暴虐的愚行》。

这些共和国中的一个，即最近据说参与了太平洋战争[1]的玻利维亚，可能就已经足够了。在玻利维亚共和国的14位总统中，有13位要么被刺杀身亡，要么被流放异乡。[2] 英国和欧洲的政治家对大量最引人瞩目、最有启发性和最具一致性的事实缺乏认识，这可以部分地解释如下：虽然说西班牙语的人仅次于说英语（文明世界最为广泛和普及的语言）的人[3]，但在英国、法国或德国却很少有人读或说西班牙语。不过，也有其他理论来解释这种普遍的且几乎没有间断的政治混乱状态，而它不时地支配着除智利和巴西帝国以外的所有中美和南美国家。有人说这种政治混乱的原因在于这里的人民大多有印第安血统，而且他们受的是罗马天主教教义的教育。如果运用这些主张的人坚持认为，对大众政府的成功实践来说，一种极为特别和特殊的政治教育是必需的，那么这样的主张是可以理解的；但它们却出自这样一些人，他们相信至少存在一种强有力的推定去支持所有地方的民主制度。同时，就罗马天主教会而言，不管怎样都应当记住，无论它还可能是什么，它都是一所伟大的平等的学校。

现在，我已简短地说明了大众政府自其以现代形式被引入文明世界以来的实际历史。我陈述这些事实，既不是为了庆祝也不是为了哀悼，而只是要把它们当作支撑观点的材料。显而

---

① 1879年，智利出兵占领玻利维亚有丰富硝石矿藏的矿区，于是玻利维亚与秘鲁联合，同智利发生"太平洋战争"。1883年玻利维亚战败，将盛产硝石的太平洋沿岸地区割让给智利，从此成为内陆国。

② Arana, *Guerre du Pacifique*, i. 33.——原注

③ 现在的世界第一大语言是汉语，第二大语言是英语，第三大语言是西班牙语。不过，按被规定为官方语言或通用语言的覆盖面积来说，英语、法语和西班牙语排在前三位。

易见，就这些事实本身而言，是无法支持大众政府有无限长的未来这个假定的。相反，经验倾向于表明，它是以非常脆弱为特征的，而且自它出现以来，所有形式的政府都变得比之前更不稳定了。为什么我所指出的这些极容易得到的事实很少有人评论和整理，其真正的原因可归结为大众政府（特别是当它建立在广泛的普选权基础上之时）的迷恋者们受到了与正统主义（Legitimism）的狂热分子大致相同的精神的激发。他们认为他们的原则拥有一种先于事实的认可。虽然现实中有人违背他们的原则，造成那样多侵犯不可剥夺之权利的罪行，但他们的原则仍不会因此就被认为是无效的。对民主深信不疑的那些党徒对表明民主政府不稳定的实例不太关心。这些只是邪恶的原则（principle of evil）孤立的胜利。但是，一位头脑冷静的历史学家不会这样得出结论。他会把它当作事实记下，并会以最认真的态度进行思考：自罗马皇帝受禁卫军摆布①的那个世纪以来，还未曾有过像统治者成为共同体代表后那样的政府不安全。

21

　　对于现代出现的这种奇特的政治均衡的丧失，有可能确定其原因吗？我认为在某种程度上是有可能的。从当前这个世纪开始，人们可以观察到有两种不同的民族情感一直在对西欧起作用。根据那些不喜欢它们的人给它们起的名字，其中的一种情感被称为"帝国主义"（Imperialism），而另一种情感被称为"激进主义"（Radicalism）。它们绝对不是纯粹英国的观念形态，而是与文明同样久远的。在今天，几乎所有人都渴望他们的国家被所有人尊敬，并且不依靠任何国家，渴望它伟大和强盛；这

---

　　①　在罗马皇帝中，被禁卫军杀死的皇帝约有 10 个，大多发生在 3 世纪。

种对国家尊严的激情是与许多人——且越来越得到了少数人的默许——想要在自由名义下分享政治权力及想要通过作为其代表的统治者来统治的意愿相联的。欧洲的两个最新和最引人注
22 目的政治创造物，德意志帝国和意大利王国，就是这两种力量共同产生的。但是，就这两个令人向往的目标中的第一个，即帝国的地位来说，伟大的陆军和海军不可或缺，而且越来越必要的是，拿武器的人应当为年富力强的全体男子。伟大的军队与依靠广泛普选权的大众政府相容到什么程度，仍然有待观察。没有任何其他两个组织会比它们更相互对立的了：一个是受过科学训练和拥有科学装备的军队，而另一个是民主管理之下的国家。对军队来说，首要的美德是服从，而懒散不服从则是大罪。军队不允许违抗命令，即使清楚地确信此命令不明智，亦应坚决服从。然而，主要的民主权利却是责难上位者的权利，而公共舆论这一民主社会的驱动力也把责难上位者看作值得颂扬的东西。这两种体制的行为准则正好相互冲突，忠诚地遵守这两种准则的人会发现他的道德宪法（moral constitution）被切成了两半。最近的经验发现，公民制度（civil institutions）越普及，要避免军队干预政治就越困难。武装叛乱是由军官们发动的，但军官们要发动叛乱有个先决条件，即士兵们发现作为某个团一分子所拥有的权力份额要比作为某选区一分子所拥有的
23 权力碎片更大。军队的反叛是普遍发生的事情，但发生次数最多的是西班牙和说西班牙语的国家。对于这种现象，有一些精巧的解释，但最明了的解释是习性。一支曾干预过政治的军队会受到很强的诱惑而再次干预。比起走向投票箱来说，这是使

某种观点获胜的更容易和更有效的方式，特别是对领导人来说，这种方式也有利可图得多。我还可以补充，尽管在一些国家军事干预的可能性不大，但如果军队上下一条心，且保持其军事物资，则除了美国，很可能没有哪个国家的军队不能控制政府。

大众政府不断地被军队和群氓联合推翻；但总体上看以极端形式对大众政府进行暴力破坏的是军队，而以更温和形式对大众政府进行暴力破坏的则主要是群氓。值得注意的是，最近群氓极大地改变了他们的特性和他们的攻击方式。群氓曾是处于解体状态的社会的一部分，是暂时从连接社会的纽带中挣脱出来的一群人。他们可以拥有对某种政治或宗教事业的模糊偏好，但激发他们的主要是一种恶作剧的、混乱的或者恐慌的精神。然而，群氓现在越来越变成了发出不容置疑观点的喉舌。攻击大众政府的西班牙群氓来自各个政治派别；而在 1830 年推翻了那个更老的波旁王朝政府的法国群氓，虽然他们有清楚的政治目标即想要击败国王的挑衅之举①，但更多地拥有对"极端激进主义"（Ultra-Radicalism）或共和主义的偏好，这一点在路易·菲利普登上王位后的起义行动中就有强烈的表现。在1848 年，推翻了那个后继的波旁王朝政府②的群氓是以建立一个共和国为目标的，但他们也对社会主义有所了解；而 1848

24

---

① 1830 年 7 月，法国国王查理十世颁布敕令，修改出版法，限制新闻出版自由，解散新选出的议会，修改选举制度。很快，深感气愤的群众发动起义，即所谓"七月革命"，再次推翻了波旁王朝。

② 七月革命后经过共和派与保皇派的妥协，王位由奥尔良公爵路易·菲利普继承，开始了短暂的"七月王朝"，而他亦是波旁王室的旁支。

年 6 月那场令人恐慌的平民起义①则完全是社会主义的。在目
前的欧洲，不论何时出现由旧式群氓所引发的一场骚乱，它都
有利于某些人，他们称自己为"不妥协派"（Irreconcileable），
并且拒绝让自己的观点听从于任何政府的裁决，不论其建立在
多么广泛的普选权基础之上。然而，除了他们的特性之外，群
氓也已经改变了他们的武器装备。他们从前是依靠未受过训练
的、纯粹有数量优势的一群人来搞破坏的；而所有群氓中最为
成功的巴黎群氓则得把他们的成功归功于路障。现在他们失去
了这个有利条件；同时，正逐渐走向成熟的一代人可能永远也
不会知道，今天的巴黎完全是以这样的观念建造的：它使得在
被损毁城市的狭窄街道上铺石头、设路障的旧式做法变得永远
不可能了。② 不过，更近些时候，群氓已经获得了新的武器。
在这个世纪的最后 25 年里，人类发明天赋的很大一部分，可
能是最大的一部分，已经交付给了毁灭的艺术。在新发现的大
规模结束人的生命的各种方式中，最有效和最可怕的就是炸药
的运用，而在不久前人们对它仍然是完全陌生的。③ 硝化甘油
炸弹和炸药包是政府新敌人的特征，正如他们不可妥协的观点
一样。

　　在我们这个时代，民众当中的不妥协派在逐渐增多，再没

---

　　① 即 1848 年 6 月 22 日巴黎群众所发动的"六月起义"，在激烈的巷战持续了 4 天
后，它最终被资产阶级临时政府镇压。

　　② 巴黎的街道原本和欧洲大多数城市一样狭窄，后从 1853 年起，曾任巴黎警察
局局长和塞纳区行政长官的奥斯曼根据皇帝拿破仑三世的命令，对巴黎进行整体改建，
拓宽了街道，而其目的之一就是想消除之前起义者借以开展街垒战的狭窄小巷。

　　③ 得益于 19 世纪末瑞典化学家和发明家诺贝尔的一系列发明，安全的和可运输
的炸药才最终得以出现。

有什么比这更可怕的了，也再没有什么比这对大众政府更具威
胁的了。教会和国家都被他们所震动；但是，在社会生活中，
不妥协派是这样一些人的组织，他们对政治观点的持有就像一
些人曾经对宗教观点的持有一样。他们坚守着信条，且同样地
强烈，同样地不接受质疑，同样地对很快会来临的好运有明确
的期望，而这些正是早期宗教徒的特征。不妥协派无疑是民主
情感的产物，他们借鉴了它对一个新的、好的、即将到来的时
代的许诺，但他们强调这个诺言的立即履行，而且他们完全拒
绝等待，直到大多数民众实行他们的观点为止。大多数人的选
票也不具有约束他们的权威，如果选票认可对其原则的任何偏
离的话。如果俄国人明天因为普选权而投票，那么他们很可能
会通过相当大的多数而确认其皇帝的权威——确实有此可能；
但俄国的虚无党（Nihilists）并不会节省下一颗炸弹或一盎司炸
药，而不投给在位的沙皇。① 不妥协派当然是与类型更老的政府
为敌的，但这些政府并未要求他们支持；另一方面，他们是民
主国家统治者的一部分，而借此有利地位，他们能够给予大众
政府以致命的伤害。实际上，再也没有什么类比会比这些幼稚
的政治信条和好战的宗教之间的类比更相似的了，后者甚至在
今天仍不断出现在世界的一些地区，例如中国太平军（Tae-
pings）的宗教②。甚至在我们自己的国家，我们也可以观察到，
最早的政治不妥协派是宗教的或准宗教的狂热信徒。独立派和

26

---

① 俄国沙皇亚历山大二世曾遭到过多次暗杀袭击，1881 年 3 月虚无党刺客投掷
的炸弹在他脚下爆炸，亚历山大二世双腿被炸断，当日医治无效逝世。

② 当指太平天国的拜上帝教。

27　詹姆斯二世的追随者(the Jacobites)都是这样。① 克伦威尔是领导着一支军队的不妥协派，出于许多原因他本应是一个更晚近的时代的人，而且我们都知道他对议会——它要早于我们今天的那些民主的议会(Democratic assemblies)——的看法。②

在所有的现代不妥协派中，民族主义者看上去最难对付，而在所有的政府中，大众政府似乎又是最不可能成功对付他们的。没有人能够确切地说出什么是民族主义，而这种理论的危险事实上也正是由于其模糊不清而造成的。它似乎充满了未来内乱的种子。正如人们有时所说的那样，民族主义似乎假定，如果某个特定种族的人跟另一个种族的人一起被置于同样的政治制度之下，他们就遭受了不正义。但是，种族是像民族主义一样模糊不清的术语。早期的语言学家想当然地认为，说着同一语系语言的人类分支在某种程度上是通过血统联结在一起的，但现在没有哪位学者相信这是事实了，因为造就语言共同体的不仅有共同的祖先，还有征服、接触和某个有文化阶层的优势。此外，有几个要求从这一新理论中得到好处的共同体无论如何也没有资格得到它。爱尔兰人是一个非常混杂的种族，而意大利人也完全只是因为语言的倒错(perversion of language)才能被

28　称为一个种族的。事实上，对一个政治社会的任何部分来说，当它的历史与其他部分的历史稍有不同时，都可以利用这种理

---

① 独立派原是英国清教徒的一个派别，产生于16世纪末，后逐渐演变为政治派别，代表中等贵族和中等资产阶级的利益。詹姆斯二世是天主教徒，曾为天主教徒解禁，并残酷迫害清教徒，光荣革命之后被废黜的詹姆斯二世及其子孙曾数次企图武力恢复他们的王位，而支持詹姆斯二世及其后裔恢复王位的那些苏格兰人也就被称为Jacobites。

② 1655年，克伦威尔曾下令解散企图限制护国主权力的议会。

论而要求独立，并因此可能使整个社会有四分五裂的危险。在王权仍存留且有活力的地方，它可以在某种程度上应对这些要求。对几乎所有文明国家来说，其民族的统一都产生于过去或现在对王权的共同服从。例如，美利坚合众国的美国人是一个民族，是因为他们曾经服从一个国王。构成奥匈帝国的那些混杂的种族也可以通过皇帝-国王(Emperor-King)①的权威而联结在一起，至少是暂时的。然而，民主国家会因为对民族性(nationality)的要求而彻底瘫痪。要攻击它们，再没有比承认多数人的统治权更有效的方式了，但是那个主张此种权利的特定多数却否认多数人有统治的资格。②

大众政府的困难是由现代军事精神和现代不妥协派的增多而造成的，对于这些困难，如果没有实际经验，是不可能确定的。但是，还存在其他可能已被察觉到的困难，因为它们来自民主固有的性质。在叙述它们时，我将尽力避免那些只是出于不喜欢或惊慌而提出的困难：我所提出的那些困难事实上在两个多世纪前就已经被那个有影响力的智者霍布斯指明了，下文将会谈到他敏锐的分析是怎样解释今天的一些政治现象的。

政治自由，霍布斯说，就是政治权力。当一个人渴望获得自由的时候，他不是在渴望"野驴的那种孤独凄凉的自由"，他想要的是拥有政治政府的一份。但是，在幅员广阔的民主国家，政治权力被细分成了各个小分块，每个人的那一部分几乎是微不足道的。这种政治细分的直接后果之一已经由斯蒂芬法官在

---

① 由于奥地利皇帝又同时是匈牙利国王，故这里用"皇帝-国王"。
② 此句指议会中的多数亦即那个"特定多数"否认国民中的多数人有统治资格。

一本书①中描述过了，而它的出版时间要早于我前面所引用过的那本书。那就是：民主的两个历史口号是相互排斥的，亦即有政治自由就不可能有平等。

> 那个能够把最大数量的政治权力碎片扫成一堆的人将统治其余的人。以这种形式或那种形式最强的人将永远统治。如果政府是一个军事政府，那么使一个人成为伟大军人的那些品质将使他成为一个统治者。如果政府是一个君主制政府，那么国王所看重的顾问、大臣和将军的那些品质将给人以权力。在一个纯粹的民主国家，进行统治的人将是那些操纵者(Wire-pullers)和他们的朋友，但他们与人民的平等不会大于君主制下军人或国务大臣与臣民的平等。……在某些时代，坚强的性格——在另一些时代则是诡谲、雄辩、做交易的能力以及对能打动人的言辞的操控和将它们运用于实际目标的才能——将使一个人站在其邻人的肩膀上，并以这种或那种方式指挥他们。但在所有情况下，普通人都是由这种类型或那种类型的领导人来指挥的，领导人控制着他们集体的力量。

毫无疑问，在建立于广泛选举权基础之上——没有军队或者没什么理由害怕军队——的大众政府中，领导人不论是否诡谲、雄辩或具有能打动人的言辞，都将是操纵者。把政治权力分割成小碎片的这一过程，其最值得注意的产物就是操纵者。权力分块是那样小，以至于如果听之任之的话，人们不会想到

---

① *Liberty, Equality, Fraternity*, by Sir James Stephen, 1873, p. 239. ——原注

去运用它们。在英国，如果法律允许的话，它们大部分将被出售；在美国，不管法律是否允许它们都已被大量地出售；而在法国，它们被出售的程度比英国更小，可"弃权"的数量表明选票的价值很小。但是，收集和运用这些权力碎片的"政治拾荒者"(political chiffonnier)就是操纵者。不过，我认为在这个国家，人们太习惯于把操纵者描述成只是组织者、谋划者和管理者了。他们所建立的特殊机制无疑是非常重要的。这种形式的机制最近才在这个国家创立，它与卫斯理公会①的那种体制很相似，然而一种体制的存在是为了使仁爱的精神继续发扬，而另一种体制的存在是为了维护处于激情之中的党派的精神(the spirit of Party)。操纵者是无法理解的，除非我们考虑进了影响人性的一种最强烈的力量——党派的感情(Party feeling)。党派的感情与其说是人与人之间有意识的智力差别的产物，不如说是人类原始的好斗性的一种残留。它基本上与某些社会状态下导致内战、部族间战争和国际战争的那种情感相同，而且它与仁爱一样普遍。与我们已经习惯了的它的那些表现形式相比，它的不理性的表现形式得到了更好的研究。据说，澳大利亚的土著人会横跨半个澳大利亚大陆，帮那些与其佩戴同一图腾的人打仗。又据说，有两个爱尔兰派别在整个岛屿上自相残杀，而起因是一场有关奶牛的颜色的争吵。在印度南部，因为党派的对抗，一系列危险的骚乱正不断地发生，而这些党派对彼此的了解就只有它们中的一些属于右手党派(party of the right

---

① 基督教新教的一支，又称卫斯理宗，由英国人约翰·卫斯理所创立，主张圣洁生活和改善社会。英国卫斯理宗教会多是由选举产生的平教徒和教士组成全国总议会，在教义、圣职和礼仪上指导地区和地方堂会。

31

32　hand)而其他的属于左手党派(party of the left hand)①而已。一年
一度，英国的许多女士和先生穿着深蓝色或浅蓝色的衣服，以
表达对牛津大学或剑桥大学在板球比赛或划船比赛中获胜的祝
愿②，可他们并没有偏爱其中某所大学的重要理由。确切说来，
党派差别应该指的是智力的、道德的或历史的偏好；但这些偏
好对人们不大起作用，而且对大多数党派成员来说，它们很难
被理解，很快就会被忘掉。"教皇党"(Guelf)和"皇帝党"(Ghi-
belline)曾经是有其含义的，但是在过了很久且已没人知道构成
两者的差别是什么时，仍有人因为属于这两个政党中的某一个
而被永远地从其故土放逐出去。③ 一些人是出于信仰而为托利党
人或辉格党人的，但成千上万的选民只是投出黄色票、蓝色票
或紫色票，充其量受到了一些大众演说家魅力的感染。

　　正是受到这种偏袒某一方的自然倾向的支撑，那些操纵者
才产生了影响。没有这种倾向的话，他们将是无能为力的。他
们的工作就是要煽动起它的激情，要使它不断地影响那个曾宣
布过自己是一个党徒的人，同时要使脱离它变得很困难且很不
愉快。操纵者的技艺就是那些不从国教派(Nonconformist)④牧师

---

　　① 　在印度，左手一般被认为是脏的、不洁的、卑微下贱的，故吃饭、给别人递食
物、餐具和握手都用右手。

　　② 　牛津大学代表队的服装是深蓝色的，而剑桥大学代表队的服装是浅蓝色的。

　　③ 　"教皇党"和"皇帝党"是中世纪在意大利佛罗伦萨形成的两个政治派别。前者
代表新兴市民阶层利益，主张依靠教皇势力统一意大利；后者代表没落的贵族势力，
主张依靠神圣罗马帝国皇帝来统一意大利。两派之争的结果是"教皇党"将"皇帝党"驱
逐，成为佛罗伦萨掌权者。再后来"教皇党"又分为黑、白两派，黑派取得政权后，将
白派首领但丁等人流放，但丁终身未能回归故土。

　　④ 　英国宗教改革后，安立甘宗(新教的一支)被定为英国国教，国王为教会之首
脑，但不少非国教会的信徒拒绝服从此命，故被称为"不从国教者"，克伦威尔的"新
模范军"就主要来自他们。

的技艺，是那些使禁酒协会（Temperance Society）得以成功的人的技艺，前者通过劝说大量的平信徒穿着军服和接受军衔而赋予他们以重要性，后者则说服其成员总是公开地佩戴一条蓝缎带①。从长远来看，这些发明不可能被限定于任何一个政党，而它们对所有政党、政党领导人和总体上居于支配地位的民主政治的影响都必然极其彻底和持久。我认为，这些影响首先表现在，所有政党将变得彼此相似，且事实上最终将变得无法区分，尽管它们的领导人可能会有争吵，党徒们可能相互憎恨。其次，每个党都可能变得越来越同质化，而它公开承认的主张，以及那些主张所产生的政策，将越来越少地反映领导人的个人意见，它们所反映的将只是在领导人看来可能赢得最大多数支持者好感的那些观点。最后，操纵制度的充分发展将不可避免地导致选举权范围的不断扩大。所谓的普选权的价值，不仅在追随边沁的哲学家心目中已降低了很多，也在那些先验的理论家心目中降低了很多。这些理论家曾相信它是与共和国不可分的相伴物，却发现它在实践中是暴政的自然基础。但是，选举权的扩展本身虽然不再被看作好事，它在如今各党派的武器库中却有了永久的位置，而且确实被操纵者看作最为中意的一件武器了。在贵族集团的争辩中被击败的雅典政治家会"与人民结成伙伴"，而现代的政客则把户主选举权（household suffrage）引入城镇以"对付"一方，然后把它引入农村以"对付"另一方，② 这两者非常相似。

③ 33

④ 34

---

① 蓝缎带是英、美一些戒酒组织的标志，会员戴上这种标志表示绝对戒酒。

② 这里指 1867 年和 1884 年的两次议会选举改革。前者由保守党推动，它使城市小资产阶级和城市工人获得了选举权；而后者由自由党所推动，它使农业工人获得了选举权。至此，英国基本上实现了男性户主的选举权。

现在让我们假定各党派之间的竞争（通过操纵者的现代发明而得到最大限度的激发）产生了这样一种选举制度，在其下每个成年男子，而且可能每个成年妇女都有一张选票。让我们再假定新的体制从这些选民中的每个人那里抽取一张选票。那么，其结果是如何表现的呢？其结果就是，为数极多的大众的平均主张（average opinion）得到了确认，而且这种平均主张成了所有政府和法律的基础和标准。对于这样一种体制运作的方式，几乎没有人有经验，除了某些相信历史是从他们出生开始的人外。在美国，白人男子的普选权实行了约 50 年；而白人和黑人的普选权实行了不到 20 年。① 法国人在恐怖统治之后抛弃了普选权，然后它又两次被恢复，而拿破仑的专制可能就是建立在它之上的；普选权也被引入德意志，于是俾斯麦侯爵（Prince Bismarck）的个人权力就可以得到确认了。但是，在那些通行的观念中，最为奇怪的一个观念就是：非常广泛的选举权能够推动进步、推动新的观念、推动新的发明和创造，以及推动新的生活艺术。这样一种选举权通常是与激进主义相联的，而其最确定的影响无疑包含着对既有制度的广泛破坏。但是从长远来看，它很可能会产生一种有害的保守主义，并且是在用麻醉品毒害社会，而与之相比，埃尔登②的保守主义就将是一帖有益健康的药剂了。因为，把整个共同体的平均主张铭刻于法律之上的这一过程，指向的是什么样的目的和什么样的理想状态呢？所达到的

---

① 1870 年通过的《美国宪法第十五修正案》规定："合众国公民的选举权不得因种族、肤色或过去的劳役状况而被合众国或任何一州否认或剥夺。"

② 埃尔登即约翰·斯克特，第一代埃尔登伯爵（John Scott, 1st Earl of Eldon, 1751—1838），托利党人，英国 19 世纪初著名的大法官。

目的与罗马天主教会要达到的目的相同，后者也把类似的神圣地位赋予了基督教世界的平均主张。"无论何时何地，无不适用"（Quod semper，quod ubique，quod ab omnibus）是莱兰的文森特（Vincent of Lerins）①的准则。"世界的判决是稳妥的"（Securus judicat orbis terrarum）则是在纽曼②耳边回响的一句话，并且对他产生了不可思议的影响。但是，有任何一个神智清醒的人确实认为这些是有关进步的格言吗？它们所指向的立法原则可能会终止所有的社会活动和政治活动，并且阻碍每一件曾与自由主义相联的事情。片刻的思索就将使任何有能力接受教导的人相信，这并不是一个过于宽泛的命题。让他仔细考虑一下过去两百年里那些有伟大的科学发明和社会变迁的时期，并想想如果在其中的任何一个时期确立普选权的话将会发生什么。普选权在今天已使合众国排除了自由贸易。它必定会禁止珍妮纺纱机和动力织布机的。它必定会禁止脱谷机的。③它会阻止采纳格列高里历④，并且会恢复斯图亚特王朝。它会使在 1780 年烧掉了曼斯菲尔德爵士（Lord Mansfield）的房子和图书馆的群氓迫害天主教徒，也会使在 1791 年烧掉了普里斯特利博士（Dr. Priestley）的房子和图书馆的群氓迫害不从国教者。⑤

36

----

　　① 5 世纪时的法国修士，著有《驳异端》，其中研究了历代教父的遗著，确定了若干原则，以区别传统正道与异端邪说。

　　② 全名约翰·亨利·纽曼（John Henry Newman，1801—1890），罗马天主教的枢机主教，他在自传《生命之歌》中谈到了奥古斯丁的这句话对他的影响。

　　③ 珍妮纺纱机、动力织布机和脱谷机的出现，造成了大批织布工人、纺纱工人和雇农的失业，故此在其出现时都曾经被愤怒的失业者砸烂和捣毁过。

　　④ 即现在广泛使用的公历。

　　⑤ 曼斯菲尔德是英国著名的法官和法学家，1780 年英国发生反天主教徒暴乱，他的房屋和图书馆被烧毁。普里斯特利是英国化学家和皇家学会会员，1791 年他的书房和实验室被伯明翰的"教会与国王"派捣毁。

　　有许多人可能在过去不会否认普选权将导致上述的错误，可他们现在却沉默地假定这样的错误在将来不会再犯，因为共同体对他们来说已经非常文明了，并且将通过大众教育而变得更加文明。但是，如果不在某些方面质疑大众教育的好处，它就将明显倾向于散播流行的动人言辞，然后在人的头脑最容易被打动时把这些言辞强加于他们，并因而使那种平均主张变得根深蒂固。当然，普选权现在不会把一百年前它肯定要实行的那种法律①强加于政府了；但我们必然无法知道，未来的社会进步和物质进步的萌芽是什么，以及它们在多大程度上会与今后无所不能的大众的偏见相冲突。事实上，有足够的证据表明，即便是现在，民主的观点和应用于人类社会的科学真理之间仍有明显的对立。所有政治经济学的中心位置从一开始就是由人口理论占据的。这一理论现在已经由达尔文先生及其追随者做了概括，并被表述为适者生存法则(principle of the survival of the fittest)，它已成为生物科学的核心真理。然而它显然不为大多数人喜欢，并被大多数人所推举的领导人放到了次要的位置。在法国和欧洲大陆，适者生存法则长期以来都极不受欢迎；而在我们当中，虽然也有人提议要通过向外移民来减轻贫困的方式承认适者生存法则，但这种提议显然已经被建立在如下假定基础上的计划所取代了，而这种假定就是：凭借对社会的立法试验，就总是可以在一块特定的土地上舒适地支撑那些出于历史原因而定居在它上面的人。

─────────

　　①　指普选权下有可能会通过的禁止珍妮纺纱机、动力织布机(前者发明于1764年而后者发明于1785年，距本书成书时约100年)等的法律。

有人可能希望民主与科学之间的这种对立——它肯定不会给大众政府的长存带来希望——可以通过让有教养的领导人占优势而得到缓解。或许，下述命题并非不可靠，即那些因为相信民主总是会置于英明的指引之下而称自己是民主之友的人，事实上是民主之敌，不论他自己知道与否。但无论如何，我们这个时代的特征根本就不是人民大众将由比他们更聪明的政客来引领。在我看来，政治领导人与政治追随者之间的关系似乎正经历双重的变化。领导人或许跟以前一样能力出众且善于雄辩，而且他们中的一些人的确看上去拥有一种空前的"对能打动人的言辞的操控和将它们运用于实际目标的才能"，但他们显然也正在传话管的一端谨慎地倾听着其所接受到的来自另一端的智力较低者的建议。另一方面，追随者实际上是统治者，他们显然对其名义上的领袖的犹豫及其代表们的争吵失去了耐心。我非常希望远离英国两大政党所争论的问题，但依我看来，在整个欧洲大陆以及某种程度上在合众国，议会辩论的确正变得越来越形式化和敷衍塞责，它们越来越可能被不容分说地打断，政策的源头也越来越局限于一些俱乐部和社团，而它们远低于最高的教育水平和经验水平。还有一个国家或国家集团（group of states）的政治状况值得特别注意，那就是瑞士，而政治学研究者可能总是习惯性地把这个国家看作民主试验最近期的形式及其结果。在大约40年前，正当格罗特先生①要把其《希腊史》的最初几卷奉献给世界的时候，他出版了《论近期瑞士政治的七封

---

①　乔治·格罗特（George Grote, 1794—1871），英国银行家、政治家及历史学家，其所编著的《希腊史》头两卷于1846年出版，最后一卷即第12卷于1856年出版，他在书中对雅典民主有颇多溢美之辞。

信》，解释说他对瑞士各州的兴趣是由于它们代表了"欧洲其他地方无法找到的"古希腊城邦的"某种近似物"。现在，如果说格罗特在写他的历史时心中有某个目标的话，那么这个目标就会是要通过雅典民主的实例来证明，广泛的大众政府远不应被指责为是善变的，反而有时是以最为顽强地走向毁灭的边缘为其特征的，它们会遵从像伯里克利这样一位贤明的领导人的劝告而不惜以任何苦痛为代价①，甚至也可能接受像尼西阿斯②这样一位不贤明的领导人的指挥。但格罗特在瑞士敏锐地察觉到了一种特殊的民主制度，而那可能诱使各民主国家摒弃审慎的和独立的方向。他非常不赞同《卢塞恩州宪法》中的一个条款，它规定立法会（Legislative Council）通过的所有法律都要提交给全州人民去投票否决或批准。这原来是极端天主教党（ultra-Catholic party）的一项发明，意在把全州人民的平均观点加到天主教自由主义者的观点上去，以中和后者。在格罗特先生出版他的"七封信"后一年，法国的 1848 年革命发生了。三年后，法国国民议会所建立的民主制度被暴力推翻，并通过他所谴责过的那种被称为公民投票（Plébiscite）的方式而被神圣化了。公民投票给法国带来了 20 年的严厉专制，在此期间，法国自由党反对它的观点依我看来事实上总像是反对民主原则的观点。在 1870 年的厄运③之后，波拿巴和公民投票同样陷入了不受欢迎的境地；但看

40

---

① 伯里克利所推行的建立雅典霸权的政策引起斯巴达的不安和干预，于是斯巴达最终决定开战，而雅典的首席将军伯里克利则尽力劝使雅典人相信最后的胜利是有把握的。战争的结果是雅典战败，而希腊世界也遭受了前所未有的破坏。

② 尼西阿斯（Nicias，约前 470—前 413），雅典出色的将领，曾在远征科林斯时取得巨大胜利，后在远征西西里时被叙拉古和斯巴达联军俘虏，随后被处死。

③ 指 1870 年普法战争中法国的失败。

起来甘必大①无疑正在通过他对"政党名单制"（scrutin de liste）②
的鼓动，而尽其所能地尝试恢复公民投票制度。与此同时，它
也以不同的形式而成为瑞士制度最为典型的特征。瑞士联邦宪
法中有一条规定，如果五万名有投票权的瑞士公民要求修订宪
法，那么是否修订宪法的问题将由瑞士人民通过"是"或"否"
的投票来回答。另一条规定，经三万名公民请愿，每一部联邦
法律和每一个联邦法令，如果不紧迫的话，都应当交付公民复
决（referendum）；也就是说，它应当提交给大众投票来决定。
在我看来，如果规定一定数量的选民要求有某个法案或要求对
某部法规做进一步的确认，则应当交给全国人民来投票决定，
这样的规定在民主统治的社会里会有相当可观的未来。当拉布
谢尔先生③在1882年告诉平民院，人民已对滔滔不绝的辩论感
到厌烦，并会在某天用选民的直接协商来取代它时，他可用以
支持其观点的事实或许比其倾听者所意识到的更多。

　　然后在这里，我们看到了大众政府的一个引人注目的固有
缺陷，而这个缺陷可从霍布斯的那条原理即自由就是被分割成
碎片的权力中推导出。大众政府只能够通过这样一个过程起作
用，它难免需要政治权力的进一步细分。因此，这些政府的趋
势就是在它们扩展选民基础的时候走向千篇一律的平庸观点，

---

　　① 莱昂·甘必大（Léon Gambetta, 1838—1882），法兰西第二帝国末期和第三共和
国初期著名的政治家，曾任内阁总理和外交部长。

　　② 一种基于比例代表制原则的选举计票方法，指选民按政党名单投票，每个政
党分得的议员席位数根据其所获得的选民票占全体选民票的比例来确定，如议席总
数为500，某党获全体选民票的10%，即分得50个议席。1885年6月至1889年2
月，法国曾实行此制度。

　　③ 亨利·拉布谢尔（Henry Labouchere, 1831—1912），英国政治家、新闻工作者，
曾创办《真理》周刊，致力于揭露社会黑暗。

而它们又被迫将此平庸观点确立为立法和政策的标准。由此可能产生的罪恶通常是与极端保守主义而不是极端激进主义相联的。到目前为止，就人类事实上的经历而言，人类的进步不是在任何与现今所称的民主国家相似的政治社会里取得的。斯特劳斯[1]说，历史完全是贵族的历史。而考虑到他在生活中的实际角色，这或许是从他那里可以期望获得的最后一个观点。[2] 历史上或许也有过足够专断和足够嫉妒的寡头会像一位东方专制君主一样完全地压制思想，而后者同时还是某种宗教的大祭司。但到目前为止，人类的进步是受不同贵族阶层的上升和下降影响的，是受一个贵族阶层在另一个贵族阶层中的形成影响的，或者是受一个贵族阶层对另一个贵族阶层的接替影响的。所谓的民主国家是存在的，它们已经对文明社会做出了无价的贡献，但它们只是特殊形式的贵族政治。在短暂的雅典民主的庇护下，艺术、科学和哲学取得了惊人的进展，但它只是在一个更狭隘的贵族政治的废墟上出现的一种贵族政治。把当时文明世界创造性的天赋引向雅典的那种辉煌，是由一千个从属城邦的沉重税负提供的，在菲底亚斯(Phidias)[3]手下干活的那些熟练的劳动者，以及那些建造了帕特农神庙的人，都是奴隶。

　　大众政府的缺陷还在于其肆意的破坏能力，对此已有很多

---

　　① 指大卫·弗雷德里希·斯特劳斯(David Friedrich Strauss, 1808—1874)，德国历史学家和神学家，著有《耶稣传》等，他与法国历史学家勒南在普法战争期间的通信出版后得到了广泛的讨论。

　　② 看起来 M. 厄内斯特·勒南也持有和斯特劳斯一样的观点。在后者的《凯利班》一书中，它出现过两次："每个文明都出身于贵族"(第 77 页)，"每个文明都是贵族的作品"(第 91 页)。——原注

　　③ 古希腊杰出的雕塑家，除了创作出许多优秀的雕塑作品之外，还在雅典建造卫城的活动中显示出了杰出的才能。

人进行过论述，不需要再赘述。从长远来看，它们所提出的最有趣的问题是，对既有制度的不断破坏会给人类带来什么样的社会结果？下面我会再次引用拉布谢尔先生具有启发性的话，因为他被人怀疑可能是带着一种恶意的愉悦而坦率说出了许多像他自己一样使用相同政治口号的人不愿意当众说出的话，而他们可能也不愿意承认自己的思想里有它们。

民主人士被告知他们是梦想家，可为什么呢？因为他们断言说，如果权力被置于大多数人的手里，大多数人就会为他们自己的利益而运用它。那么，假定大多数人在将来会拥有权力，可不是用于保护他们所认为的自己的利益，而是服务于其他人的利益，这不是一个更加疯狂的梦想吗？……你想象过没有，难道我们制造业大城镇的工匠对他们的现有地位是那样的心满意足，以至于他们会急急忙忙跑到投票站去登记他们的选票，以支持这样一种会把我们在社会上、政治上和经济上划分成阶级，并使他们置于几乎不可能翻身的底层的制度吗？……难道（农业劳动者的）命运是那样的幸福，以至于他会谦恭地和高高兴兴地把那个告诉他说命运永远不会变得更好的人的名字打上叉①吗？……我们知道，工匠和农业劳动者将带着新鲜的和有活力的思想，着手处理政治和社会问题中需要考虑的事项……就目前而言，我们需要的是选举权的平等化……而我们接下来的要求将是平等划分选区，减少选举花费，付

44

———————

① 在欧洲和美国，选票上填写"×"代表的是选择某个候选人（或选项）。

薪水给议员，以及废除世袭议员。当我们的要求被应允时，我们会感到欣慰，但我们不会休息。相反，既然锻造了民主立法的手段，我们就要使用它。[1]

在我看来，因为拉布谢尔预言了未来民主立法可能有的进程并详细说明了其自然的原则，就指责他在做梦的那些人似乎对他太不公正了。他对政治事件的预测是非常合理的。我不得不同意他的看法，即如果那些做苦工的人和穷人——那些工匠和农业劳动者——成为权力的保管人，且能找到代理人来使他们得以运用权力的话，那么假定他们不会受到其所相信的关乎其自身利益的东西的引导而运用权力就是荒唐的。但是，在探究民主制度(不考虑其在某些人或某些阶级身上激起的惊慌或热情)是否包含着任何分裂或毁灭的种子时，拉布谢尔先生的推测停止了，而最有趣的却正是这个地方。通过立法，工匠和农业劳动者的命运将不只是变得更好，还将被他们自己的至高权威调换成他们认为可以赋予他们自己的任何处境和命运。那么，这种立法的性质将是怎样的呢？在前面那个段落和拉布谢尔论文的其他部分，他的语言就像许多和他一样相信政府不见得就能增进人类幸福的人的语言一样。他确实提出过这样的观点，即世界上好东西的库存在数量上几乎是无限的，它们被(打个比方说)存放于一个很大的仓库之中，而现在它却以不平等的份额和不公平的方式被分发。民主的法律纠正的正是这种不公平和不平等。现在我不是要否认，在人类历史的不同时期，少数的

---

① *Fortnightly Review*, March 1, 1883.——原注

寡头把世界上过多的财富留给了他们自己，也不是要否认错误的经济体制时不时地减少了财富的总供给，且还通过其间接运作而导致了财富被非理性地分配。然而，再也没有比这更确定的了，即那些热衷于仁慈的民主政府的人的脑海中的画像是完全错误的。如果大多数人试图再次分配库存中共有的好东西，他们也将做类似的事：不是许多索要者在坚持对贮备进行公平分配，而是一群不驯服的船员正对着一船的供应品大摆盛宴，用肉来塞饱自己，用酒来灌醉自己，却拒绝将船驶向港口。在最浅显的经济学真理中，有一个便是：世界财富的最大部分正因为消费而不断消失，如果不通过长期的辛苦工作和冒险来恢复它，那么无论是人类还是某个正在做休息试验却没有心怀感恩的共同体，都将被灭绝或被带到濒临灭绝的边缘。

对于这种处境，可做非常简单的说明。虽然根据约翰·斯图亚特·密尔的看法，它部分地依赖于一个事实，而那些没有想过该问题的人却通常都没有意识到此事实。① 在经济学家中，有一个问题常常被热烈地讨论着，那就是为什么有些国家能从破坏性最大、损毁最严重的战争的影响中以那样惊人的速度恢复。"一个敌人用火和剑毁坏了一个国家，并且破坏或运走了它境内的几乎所有财富，然而若干年之后，所有的东西又都正像其之前一样了。"密尔②紧跟着查默斯③给出了令人信服的解释：在别的情况下不会发生的事情在这种情况下也不会发生。

46

47

---

① Mill, *Principles of Political Economy*, i. 5. 5.——原注
② Mill, *Principles of Political Economy*, i. 5. 7.——原注
③ 指托马斯·查默斯(Thomas Chalmers, 1780—1847)，苏格兰数学家和政治经济学家。密尔的《政治经济学原理》中多次引用他的观点。

"敌人所破坏的东西不久也会被居民自己破坏；他们那样迅速地再生产出的财富本来就需要被再生产出，且无论如何都会被生产出，还可能正是在那样短的时间内。"事实上，人类和每个特定社会所借以维持生活的基金（fund）从来都不是静止不动的，正如天上不断消散和不断自我更新的云彩一样。"生产出的每样东西都被消费掉了，有的是被保存了，有的据说是被消耗掉了，而且前者实际上和后者一样快。人类的财富是一个持续过程的结果，它在每个地方都是很复杂的和精巧的，可没有哪个地方像英伦三岛那样的复杂和精巧。只要这个过程在既有的影响下继续下去，那么正如我们所看到的，它不会因为地震、洪水或战争而被打断；而且在其每个阶段，消失和恢复的财富还有增加的趋势。但是，如果我们改变这类影响的性质或削弱其力量，那么我们能确信那种财富不会逐渐减少（而不是增加）和不复存在吗？"关于一个国家在战后的重新恢复，密尔指出了一个例外。这个国家的人口可能减少，如果没有人继续这种财富再生产过程的话，财富再生产就会停止。但是，财富的再生产有可能不是因为任何消灭人口的手段而被阻止吗？有一种经验表明，财富可能因为再生产它的那些人的动机中活力的减少而走向濒临消失的边缘，幸好这种经验在现今这个世界上还很罕见。不妨这样说，你可能使劳动者的意志和精神丧失到了一定程度，以至于他们不再关心工作了。一个世纪以前，杰里米·边沁曾评论道，土耳其政府在他那个时代把世界上一些最富裕的国家弄得穷困潦倒，其方式更多地是靠对劳动者动机的破坏，而不是明确的勒索。同时在我看来，对罗马帝国（最有秩序和最有效率

的政府之一)所累积起来的巨额财富的破坏,以及西欧在中世纪
衰退到悲惨和贫穷的境地,都只能说明同样的原理。由于劳动
者的动机松懈而致使再生产失败,这曾经是东方很平常的一种
现象,而这也向东方史的研究者说明了,为什么在整个东方的
历史中,以政治才能闻名的人常常就是以财政方面的才能闻名
的人。在东印度公司的早期,"因严酷的殖民而受到破坏的"村
庄不断地呼请政府注意,对它们的征税额虽然看上去并没有超
出英国财政原则的界限,但已足以抑制劳动的动机,致使它们
几乎不可能自我恢复了。然而,这一现象并不限于东方,虽然
在那里辛勤工作的动机无疑比在西方社会更容易受到影响。到
上世纪末,大部分法国农民已停止耕种他们的土地,许多的法
国工匠则拒绝工作,他们对革命政府恐怖统治期间大量的征用
感到绝望。同时正如预期到的那样,刑法不得不被召来强迫他
们重返他们日常的工作。①

49

　　我认为,正如赫伯特·斯宾塞先生在最近的一本令人钦佩
的书②中指出的那样,财政暴政(fiscal tyranny)的复兴哪怕在我
们今天也极有可能,而且它甚至使欧洲人一度怀疑通过节俭和
辛苦工作来维持生活是否值得。你只要向一部分人许诺,会将
放在(正如密尔所说的那样)一个假想的、被认为容纳了所有人
类财富的贮藏库中的那个虚构密藏的一份给他们,以诱使他们
陷入暂时的懒散怠惰就行。你只要以最响亮的博爱的目标且用
诉诸怜悯(ad misericordiam)的方式来向那些愿意劳动和储蓄的

---

　　① Taine, *Origines de la France Contemporaine*, tom. iii., "La Revolution." 关于工匠,
参见第75页(注释),关于耕作者,参见第511页。——原注
　　② *The Man versus the State*, by Herbert Spencer, London, 1884.——原注

人征税，以伤透他们的心和使其丧失意志就行。毕竟对那些节
俭的和勤劳的人的动机来说，无论他们的财政压迫者是一个东
方暴君、一个封建男爵还是一个民主的立法机关，无论他们被
征税是为了一个被称为社会的集体的利益，还是为了一个被称
为国王或上帝的个体的利益，并没有太大的差别。然后这里就
有一个关于民主立法的大问题了。当它超出了适度的范围时，
会如何影响人的动机呢？它将以什么样的动机来取代现在影响
人们的那些动机呢？促进财富再生及其数量逐渐增加的是人类
的劳动及其努力的工作，而现在迫使人类劳动及努力工作的各
种动机，正是必然导致财富分配中的不平等的那些动机。它们
是行动的源泉，并产生了奋发向上的和永不停歇的为生存而斗
争的活动，以及有益的私人战争（private war），这种战争使一个
人努力爬到了另一个人的肩膀上，然后通过适者生存法则停留
在了那里。

上述事实在世界的某一个地区得到了最好的例证，而浅薄
的思想家可能会指望与之相反的原则在那里取得胜利。合众国
曾被称为地球上被剥夺特权者的家，但如果那些在一片天空下
为生存而战的战败者没有在另一片天空下继续为生存而战，就
不会完成这一开拓，以使广袤的美国领土得以从东到西、从南
到北地被耕作。有人以为这一结果是通过民主立法实现的，再
也没有比这更加明显的错觉了。这一结果事实上是通过自然选
择把最强者筛选出来而取得的。合众国政府——我会在本书的
另一部分进行考察——现在依赖普选权，但当时它只是一个政
治性政府。它是这样一个政府，在其治下政治之外的强制性约

束被减到了最少。以前几乎还从没有过这样一个共同体，在其中弱者被这样无情地逼至绝境，在其中获胜的人如此一致地都是强者，在其中私人的财富和家庭奢侈品在如此短的时间内就导致了如此大的不平等。与此同时，还从没有过这样一个国家，在其中那些赛跑中落后的人总体上看因其失败而受到的磨难那样的少。这种有益的繁荣是认识到人口原理的结果，也是解决其永久性移民过多的唯一方法。这一切都建立在契约的神圣性和私有财产的稳定之上：首先是在普遍的竞争中获得成功，然后是给竞争中的成功者以奖励。然而，对于所有这些原则和制度，那些英国"工匠"和"农业劳动者"的朋友们看上去不会像他们的先辈对待农业机械和工业机械那样对待它们。美国人仍持那种观点，即与公共的法律相比，私人的能量所获得的人类幸福要更多。可是，爱尔兰人甚至在美国也持另一种观点[①]，而且爱尔兰人的观点在这里显然正受人们青睐。但是在将来的民主立法是否会遵从新观点这个问题上，大众政府的前景仍很大程度上悬而未决。到目前为止，供人类生存和享乐的大部分物质资料，都是靠也只有靠两组动机才得以生产和再生产出来。其中一组动机导致了美国北部从大西洋到太平洋各州领土的耕作。另外一组动机对促成美国南部各州工业和农业的进步起到了一定作用，而且在过去，它创造了印加人治下的秘鲁的繁荣。一

52

---

① 1844年爱尔兰出现"马铃薯瘟疫"，都柏林市议会向维多利亚女王呈递请愿书，恳求尽早征用公共资金救济农民，但伦敦方面对此无动于衷，即使是在之后的大饥荒时期，英国政府为爱尔兰饥民所提供的帮助也十分少，于是爱尔兰人就大批移民到了美、加、澳等国。

种体制是经济竞争；另一种体制①则存在于日常工作中，而工作也许是公平地和仁慈地分派的，但却是通过监禁或鞭打来实施的。据我们所拥有的经验，我们被迫得出这样的结论，即每个人类社会都必须采纳这一种体制或那一种体制，否则它将经历贫穷直至灭绝。

　　我已经表明，与其他政治统治形式相比，现代类型的大众政府到目前为止并没有证明它们是稳定的，并且它们包含着某些虚弱的根源，而那也无法确保它们在不久的将来是安全的。我的主要结论只能这样消极地表述。目前还没有足够的证据证明下述普遍看法具有充分的理由，即这些政府可能无限长地持续下去。不过，也有一个积极的结论，对此那些不是以道德偏好或先验假定为基础，而是以历史见证过的实际经验为基础来预测大众政府前景的人都不会遗漏掉。如果有什么理由认为宪法自由会持续下去，那么这种理由就是由特定的一系列事实来提供的，对此英国人应当很熟悉，但他们中的很多人在流行观念的影响下非常容易忽略其重要性。英国宪法已经存在很长时间了，因此自由的制度通常可以继续存在。我十分清楚，这在一些人看来是一个平常的结论，或许正如泰纳先生②的那个结论一样平常，他在描述完雅各宾俱乐部对整个法国的征服之后，断言说他的推断是那样简单，以至于他几乎不敢表述它。"到现

53

---

　　①　指奴隶制，美国南部各州在内战前曾长期实行奴隶制，而印加帝国也是奴隶制国家。

　　②　依波利特·阿道尔夫·泰纳（Hippolyte Adolphe Taine，1828—1893），法国史学家、心理学家、文艺批评家，著有《当代法国的起源》《英国文学史》《论智力》《艺术哲学》等。

在为止，我发现了一个（原则），它显得如此简单和幼稚，以至
于我几乎不敢把它说出来。它不过是这样一句话：人类社会，
尤其是现代社会，是巨大的和复杂的东西。"这句评论"人类社
会，尤其是现代社会，是巨大的和复杂的东西"，事实上正是柏
克以其所有的雄辩才能和所有的论据力量而坚持的主张。但正
如泰纳先生所说的那样，现在它可能在一些人看来太简单和平
常了，以至于不值得用言语来表达。同样，在许多人那里，熟
悉意味着轻视，他们可能认为下述评论是价值不高的：英国宪
法如果不是（正如有些人所称的那样）一个神圣的事物，也是一
个独特和不寻常的事物。一系列未经设计的变化将它带到了这
样一种状况：政治行为的两大来源——满意和急躁——都得到
了适度的满足。在这种状况中，英国宪法（不是隐喻地而是真正
地）成为全世界所羡慕的对象，而全世界也都在从各个方面复制
它。一般来说，这样的模仿并不让人愉快。只有一个由英国移
民组成的国家成功地实现了对它的修改，而这个国家有着丰富
的物质财富。这并不是说，唯一支持大众政府持续的证据要到
处于特殊状况下的英国宪法这两个世纪的成功实践中去寻找，
要到处于更独特状况下的美国宪法这一个世纪的成功实施中去
寻找。就我们自己的宪法而言，那种吸引人的平衡曾令它沿着
庄严的道路平稳地推进，然而这种平衡可能注定要被扰乱。支
配它的一种力量可能以另一种力量为代价而得以危险地增进。
伴随着国家的伟大和物质的繁荣，英国的政治体制可能仍会被
送上天去，并在沉默和寒冷之中去寻找它最后的姻亲。

论文二
民主的性质

56 　　约翰·奥斯丁①是英国法学史上极负盛誉的一个人，他在去世前不久出版了一本小册子，名为《为宪法一辩》。这本出版物②标志着一股强有力的思想倾向在最大限度回弹，而它来自杰里米·边沁亲传弟子的那种独特的哲学激进主义。在书中，奥斯丁把自己赖以成名的分析才能，应用在了他那个时代被纳入每次政治讨论的各种措辞，而这些措辞在我们这个时代也仍然被讨论着。在这些措辞当中，他考察了贵族制和民主制这两个术语，就后者他说道：

> 　　民主制比贵族制还要更模糊不清。它确切地指一种政府形式，即其统治主体是全体国民中相当大一部分人的任何政府。正如被宽泛使用的那样——尤其在法国作家那里，
57 它指国民的主要部分或国民的下层部分，或者一种思想方式及对民主政府有利的情感。它所包含的意思常常就是被赋予"人民"这个词或者"主权人民"（sovereign people）这两个词的意思，换言之，国民中某个大的部分实际上不是主

---

① 约翰·奥斯丁（John Austin，1790—1859），英国分析法学派的奠基人和法律实证主义的创始人，他与边沁过从甚密，信奉边沁的功利主义学说。
② *A Plea for the Constitution*，by John Austin，London，1859.——原注

权者，但根据谈话者的看法，主权应当转交给它。

在那本论证有力、流传广泛的名为《民主与法国》①的小册子中，埃德蒙·谢勒先生②也给出了对民主的这种相同的界定——只考虑其恰当的和连贯的含义。现在，我将不得不提到谢勒先生所说过的现有法国政治体制是如何使政府履行责任的，但与此同时，在我看来，他这本出版物最大的价值不在于揭露了代表们对选举委员会（electoral committee）的卑躬屈膝，也不在于揭露了公众的挥霍无度——公众的支持可被收买正是因为这点，而在于谢勒先生考察了某些含糊的、抽象的论点，它们被法国甚至整个欧洲大陆的共和主义政治家们不加怀疑地普遍接受。在今天，当大众政府的扩展使所有旧的政治观念变得让人完全迷惑不解时，一个有能力的人除了分析和校正大多数人头脑中流传的且未曾怀疑过其真实性的那些假定外，就几乎再不能给他的国家以更大贡献了。这种知识流通媒介的一部分从一开始就是低劣的；一部分曾是好的钱币，但它被剪过且四周都磨损了；还有一部分包含的只是代用币，而它拥有一个旧的名称，因为传统上认为此名称仍应当被使用。以其真实价值来评估所有的这类通货，是迫切需要的。同时，就此项工作的一部分而言，J. F. 斯蒂芬已经在他那本令人赞叹的书《自由·平等·博爱》中一劳永逸地完成了。但是，政治上的破坏者还在不停地活动，受他们骗的人还在不停地增多，却并没有一种相对应的行为来把恰当的检验标准应用于所有此类假造的东西。我们英

58

---

① *La Démocratie et la France*，Études par Edmond Scherer，Paris，1883. ——原注
② 埃德蒙·谢勒（Edmond Scherer，1815—1889），法国神学家、批评家和政治家。

国人作为统治技艺的行家使欧洲大陆受益，但甚至是我们中间都有人怀疑，在亚当·斯密研究政治经济学之前，其中有多少与这种技艺相对应的科学因素。在法国，政治思想的状况甚至更糟。当一种政治教条导致灾难时，英国人抛弃了它。但在上世纪的最后 11 年和本世纪的前 15 年里①，全体法国人却几乎都把他们的注意力集中于忘掉其历史中的其余部分，而在此期间形成的政治观念在之后 70 年间取得进一步经验之后，几乎一点都没有放松对法国知识分子的控制。

　　就我的知识所及而言，谢勒先生是第一位清楚阐明了奥斯丁所说的那个简单事实的法国作家，即民主确切地指某种特定的政府形式。② 在现代欧洲政治中，这个事实是智慧的开端，再没有别的词会像它那样聚集着模糊语言的浓雾和大量的宽泛隐喻了。然而，虽然民主的确意指某种不确定的东西，但它并不是模糊不清的。它就是且只是一种政府形式。根据古希腊的分析，民主是多数人所统治的国家的政府，与少数人所统治的政府和一个人所统治的政府相对。少数人和多数人之间的界限，以及各种多数人之间的界限，不可避免地是模糊的，但民主仍不过是一种政府形式；由于这些形式中最清楚的和最确定的就是君主制，即一个人所统治的国家的政府，因此民主就被最贴切地描述成倒置的君主制（inverted Monarchy）了。这种描述符合那些伟大的现代共和国形成的实际历史进程。维拉里③已经指出，这种大陆类型的现代国家首先是在意大利建立的，而它以

---

① 指 1789—1815 年，而后面所说的"70 年"指从 1815 年到本书成书时的 1885 年。
② Scherer, *La Démocratie et la France*, p. 3.——原注
③ Villari, *Machiavelli*, i. 15, 36, 37.——原注

明确界定的行政部门为其机构。它不是产生于中世纪的共和制城市——共和制城市与现代政府没有共同之处，而是产生于所有政治体制中名声最坏的意大利的专制政治或君主国（Princedom）。这种著名的意大利治国术被意大利的政治家传遍了整个欧洲，而他们通常都是牧师。枢机主教马萨林（Mazarin）的两个学生路易十四和柯尔伯（Colbert）把它应用到法国，就在这种新科学与一种完全混乱的行政体制的联系中，产生了君主制的法国。继之而起的法兰西共和国不过是后来被倒置的法兰西君主国。类似地，对于某些人来说，那几个北美国家和合众国①的宪法和法律体制是完全无法理解的，因为他们不知道英国人和美国人的祖先曾一度生活在一个国王治下，而这个国王自己是一众更专制的老国王们的代表。他们也没有注意到，在整个这一系列法律和政府计划中，只有人民被安置到了国王的宝座上且偶尔带着一丝笨拙地尽着职责而已。我们今天那些现代的激进政客似乎有这样一种印象，即民主在本质上与君主制不同。再没有比这更明显的错误了，也再没有比这更能产生进一步的错觉的了。民主这个由共同体中多数但捉摸不定的一部分人来取代君主位置的国家的政府，恰恰要像君主制一样满足同样的条件；它要承担相同的功能，虽然承担这些功能的机构不同。在这两种政体下，对政府是否成功地履行了必要的和自然的职责，其检验标准都是一样的。

61

所以，像君主制、贵族制和任何其他政府一样，民主首先

---

① 北美独立后最初成立的是由 13 个国家（即原来的 13 个殖民地和后来的 13 个州）所组成的邦联，后来通过制宪才成为联邦共和国。

必须维护国家的生存。国家的第一需要就是它应当持久。有人说在被视为个人的集合的人类当中，诸神爱的是那些年纪轻轻就死去的人，但对于国家没人敢冒险做出这样的一种论断。从其最早的时期起，国家向上天所祈求的就是长久的国家生命，是一代又一代的生命，是远比子子孙孙的生命更长的生命，是像那永恒的高山的生命一样的生命。历史学家有时会这样谈论一些政府，说它们以目标的崇高而著称，产生过璀璨的人才，但却注定只能存在短暂的时间。这种恭维事实上是自相矛盾的，因为就政府来说，如果它们不能确保国家持久的话，那么所有的目标都将是无望的，而所有的人才也都将被浪费。当一位病人在一位医生的照料下死去时，人们也可以称赞医生的看护工作周到且其治疗方法有科学的美。在民主政府中，正如在所有政府中一样，紧接着维持国家生存的这个最重要职责的，就是取得国家的伟大和尊严的这种责任了。丢掉疆土、损害权威、失去普遍的尊重、丧失自尊，这些或许是无法避免的恶，但从它们所造成的痛苦和感知这些痛苦的心灵的高度来判断，它们是可怕的恶。而不能提供足够多的将军和政治家、士兵和管理者以预防和消除这些恶的政府则是失败的。如果政府不能控制某些对国家的行动来说必不可少的特性的话，那它也将是失败的。在国家彼此之间的所有关系中，它们都必须作为一个人来行动——这是国际法的一个基本假定。个人身上有的或许是轻微的缺点也是国家所具有的缺点，而且常常是最为严重的缺点。在所有的战争和所有的外交活动中，在对外政策的每一个部分，反复无常、任性、缺乏自制、怯懦、鲁莽、前后不一、厚颜无

耻、粗鲁，都会发展成破坏性的罪恶。如果民主与其他政府形 63
式相比更易有这些缺点，那么就此而言它也要比其他政府形式
更差。按照一位英国主教的看法，对一个国家来说，自由要比
庄重更好。如果这种选择必须做出，而且如果在民主和自由之
间有任何真实的联系，那么对一个国家来说，作为能够展示这
些美德的一个国家而继续存在甚至比自由本身还更好。

如果我们从一个国家的对外职责转向国内职责，那么我们
将发现，国内职责中最主要的就是政府应当强制人们遵从刑事
的和民事的法律。庸俗的印象无疑是，法律是自我实施的。一
些共同体被认为会自然地遵守法律，而另一些共同体则不会。
但事实是，使法律得到遵守的总是国家，这是现代法学的一个
常识。大多数文明社会都不必努力就会非常无意识地表现出这
种服从，这是千真万确的。但这只是因为，在数不尽的岁月中，
国家通过严格地履行其主要职责，已经产生了服从的习俗和情
感——保留着刑罚干预的必要性，而几乎每个人都有这种习俗
和情感。令人尊敬的法律惯用语（legal formulas）——被现代共和
国借用了——使法律以国王的名义得到执行，而这是政府所做
出的且仍在为人类做出的最主要贡献。如果任何政府胆敢哪怕 64
有一会儿冒险忽视其强制人们遵从法律的功能——举例来说，
如果一个民主国家允许民众中的一部分人藐视他们刚巧不喜欢
的某些法律，那么它就将是有罪的；而这种罪行是难以用其他
美德为之开脱的，且是几个世纪都可能无法弥补的。

总的来说，那些认识到民主只是一种政府形式的冷静的政
治学研究者，那些知道政府的主要职责是什么的人，那些看出

在政府形式之间作选择的主要问题在于从长远看它们中哪一个能最好履行这些职责的人，有权对民主的来临所激起的这种情感感到惊奇。如果这个结局确将来临，那么它揭示的问题不是情感问题，而是现实问题，有人或许已在期望一边少些诅咒，另一边则少些喊叫和狂热的挥舞。然而，事实是，在长久的历史过程中，人类政治口味的潮流会奔往各种方向，当它强烈地趋向某一点时，总是会有恐惧或狂热的爆发；对于在此时刻所引发的情感的这种解释既适用于我们今天走向民主的趋势，也可能适用于所有的时代。在一些人眼里，民主的最大优点——在另一些人眼里则是其最大缺点——是它在履行某种特殊的功能时比其他政府形式更为有效。这就是法律、习俗的修改和转变，即我们所知道的改良立法（reforming legislation）的过程。事实上，这个过程根本不是民主所特有的，它是好的现代政府必不可少的职责，虽然从长远来看是非常次要的职责。如果考察一下已知的整个人类的历史，我们会发现，立法变革最主要的发起者是强有力的君主国家。对尼尼微和巴比伦的罪恶的控诉贯穿着《旧约》的后半部分①，它表达了犹太人对"大立法"（big legislation）的愤恨，而研究《旧约》的大多数人却认为各民族都是迷恋"大立法"的。这种对古老习惯的"榨取"不断得到罗马皇帝们进一步的推动②，然后又随着专制统治变得更严厉而越来越彻底。皇帝事实上是象征性的野兽，先知看到它在狼吞虎咽地吃

---

① 尼尼微是古亚述帝国最后的首都，巴比伦则是巴比伦王国的都城，在《旧约》中，这两个城市都曾因罪恶滔天而受到先知的预言诅咒。

② 东罗马帝国皇帝查士丁尼在其统治期间曾编纂《查士丁尼法典》，系统搜集和整理了自罗马共和时期以来所有的法律和法学著作。

东西，把残余物撕得粉碎并踩在脚下。我们自己就生活在罗马
帝国主义的遗骸上①，而且到目前为止，现代法律最大的部分只
不过是罗马法律改革沉淀所形成的东西。在之后的整个历史中，
这个规律也仍然适用。中世纪的一个大规模的法律改革者是查
理大帝。② 正是波拿巴们的法兰西帝国才使新的法国法学③真正
地在文明世界流行开来，因为直接从大革命中产生的政府留下
的只是这样的法律计划，它们因为自己包含的矛盾而实际上无
法得到应用。

　　事实似乎是，君主制和民主制这两种极端的政府形式具有
这样一种特性，而它是建立在妥协基础上的那些更温和的政治
体制——立宪君主制和贵族制——所缺乏的。当君主制和民主
制最初以未加混合的完整性建立起来时，它们是非常有破坏性
的，那时新的阶层正在转变后的国家里适应它们的位置，因而
通常都会发生剧变，有时是混乱的剧变。新的统治者(nouvelles
couches)坚决主张，所有的东西都应当严格地与他们占优势的这
种体制的核心原则相一致。他们还得到了很多人的帮助，这些
人讨厌旧的原则，幻想理想的改革，对毫无变化的稳定性不耐
烦，或者在性格上有天生的破坏性。旧式的君主国建立在东方
大河流的山谷中，它们必须与宗教的坚韧和部族的固执作斗争，
于是它们转移全部人口，以使这些东西能够被摧毁。一个现代
的民主国家则是与特权作斗争的；它知道在这种特权被压倒之

----

①　英格兰和威尔士曾经是罗马帝国的行省。
②　查理大帝(742—814)，法兰克王国加洛林王朝的国王和神圣罗马帝国的奠基
人，在接受皇帝称号后，他曾对当时法兰克人所流行的两套法律体系进行增补校订。
③　法国的《拿破仑法典》是后来大陆法系的核心和基础。

前不能停止战斗。但是，无论民主的还是其他形式的绝对主义（absolutism）的立法，都是短暂的。在犹太人从巴比伦那里把他们的竖琴带回家之前，他们就发现自己是另一个强大的君主国的臣民了。对于这个君主国他们惊奇地评论道，米提亚人和波斯人的法律是不可更改的。[①] 有人相信，民主的共和国首先和从长远来看要改良立法，再也没有比这更缺乏实际经验保证的了。正如学者们都很了解的那样，古代的共和国几乎完全不立法。它们的民主活力被扩展到了战争、外交和司法上，但它们给法律变更之路设置了几乎不能克服的障碍。合众国的美国人恰好是以同样的方式限制了他们自己的行为。他们只在自己的宪法尤其是联邦宪法的范围内制定法律，而且按照英国的标准判断，在这样的限制下他们的立法几乎都是无关紧要的。正如我在自己的第一篇论文中试图表明的那样，民主在立法上的贫瘠来自一些永恒的原因。人民的偏见要比特权阶级的偏见强烈得多，也庸俗得多；他们更危险得多，因为他们更倾向于违反科学的结论。令人称奇的是，这个论断得到了现在的一种政治现象的确认。这种现象就是瑞士联邦宪法及其某些州宪法中的"公民复决"，而它是民主新近的创新。根据瑞士联邦宪法及瑞士某些州的宪法，在一定数量公民的要求下，由立法机关投票通过的法律就会被置于全体人口的投票表决之下，以免其"授权"超出界限。但让立法机关中那些激进领导人感到困惑和沮丧的是，他

---

① 公元前 6 世纪，新巴比伦王国的国王尼布甲尼撒二世曾攻陷耶路撒冷，灭犹太国，并将其大部分臣民掳至巴比伦，这就是历史上有名的"巴比伦之囚"（而巴比伦又曾由米提亚人和波斯人所统治），波斯国王居鲁士灭巴比伦后，被囚掳的犹太人才获准返回家园。

们最为重视的法案却在这样的投票表决之下被否决了。

民主本性如此，在其"革命"、"共和"、大众政府、人民的统治等多种伪装下，我们今天用在它身上的语言是极不寻常的。每种隐喻都被它的朋友或敌人应用于它，这些隐喻象征着不可抗拒的力量，表达着钦敬或惧怕。一位伟大的英国演说家曾把它比作坟墓，带走一切却不归还。而作品得到最广泛阅读的那个美国历史学家则完全沉迷于下面的修辞之中："神圣的智慧所规定的变革是人类的政策或力量不可能阻止的，它就像存在法则(law of being)一样始终如一地和庄严地向前推进，且就像永恒法一样是必然发生的。"① 然后又是"自由的观念从来不是完全不为人知的……这盏上升的明灯在最黑暗的世纪里都闪现着欢乐，而且它不断增加的能量可以在时代的趋势中找到踪迹②。这样的期盼甚至会出现在晚餐后的日常交谈中。"伟大的民主潮流正在滚滚向前，没有哪只手能阻碍它壮丽的进程。"威尔弗雷德·劳尔森勋爵③就选举权法案这样说道。④ 但是，关于一些人的头脑因政府中的这种古老且从未特别成功过的试验而处于激动不已的状态，一本题为《走向民主》⑤的小册子提供了最为强

①　Bancroft, *History of the United States*, "The American Revolution," vol. i., p. 1. 另有一人几乎预见了班克罗夫特先生在这个句子中所使用的言辞，而班克罗夫特先生与此人除了对词句的热爱之外没有其他共同之处。马克西米利安·罗伯斯庇尔在最高主宰节的演说中说道："法国的共和人士们，最高主宰难道不是从一开始就立法规定了共和的吗？"——原注

②　Bancroft, *History of the United States*, "The American Revolution," vol. i., p. 2.——原注

③　威尔弗雷德·劳尔森(Wilfrid Lawson, 1829—1906)，英国自由党的激进政治家，主张政教分离和废除上议院等。

④　On April 15, 1884.——原注

⑤　发表于1883年，作者爱德华·卡彭特(Edward Carpenter, 1844—1929)是英国诗人和社会活动家，也是惠特曼的朋友。

有力的证据。作者缺乏诗的力量，但他所吟诵的民主狂想曲对民主实际上是什么的构想着实令人惊叹。"自由！"这位沃尔特·惠特曼的信徒咏唱道：

那些遥远的国家正在摇动，就像森林中的树叶一样在摇动，

欢乐，欢乐，在地球上出现了，

70　　瞧，旗帜在每个地方都升起了，去国外寻找古代种族的精神吧——上帝的那些圣洁的、美丽的女儿们正在向她们的子女大声说着。

……

瞧，在不同的时代里，神圣的东方又把她正被损毁的无价的思想珍珠——民主的萌芽——完整地恢复了原状！

……

哦，扫视的眼睛啊！闪动跳跃的水啊！难道我不知道你——民主——确实控制着它们和受到了它们的鼓舞，不知道你和它们有关系吗？

正如尼亚加拉河①与伊利湖和安大略湖有关系一样吗？

这首诗快近结束时，这一句出现了："我听见一个声音在问，什么是自由？"没有哪个问题会比这个问题更贴切的了。如果《走向民主》的作者曾听过霍布斯的答案，即自由是"被分成小块的政治权力"，或者曾听过约翰·奥斯丁和谢勒先生的名言，即"民主是一种政府形式"，那么他这首诗的风格可能会被淹没，

——————

① 尼亚加拉河是美国纽约州与加拿大安大略省的界河，自伊利湖流入安大略湖，全长约56公里。

但他的思想将会因为健康的冷水冲洗而充满活力。

仅仅一个世纪以前,关于民主是不可抗拒的、不可避免的且可能是永恒的这种观点看上去还像个异想天开的谬论。至今为止,可以大致确定的人类政治史超过两千年,而在其开端,君主制、贵族制和民主制都是很容易辨别的。人类政治史的长期经验表明,一些君主制和一些贵族制的生命力极强。法国的君主制和威尼斯的寡头制尤其古老,而罗马帝国那时甚至还未成为陈迹。① 但经验似乎表明,曾经产生、消失或显得无足轻重的民主制这样一种政府形式在政治史上是很少出现的,并且是以极脆弱为其特征的。这正是美利坚联邦共和国(American Federal Republic)国父们的观点,他们一次又一次地流露遗憾之情,即对他们来说唯一可能建立的政府是其稳定性的前景如此堪忧的政府。它也曾非常短暂地成为法国革命者的观点。因为立宪君主制刚垮台,人类新时代已开始的信念就已经在快速消退,然后革命作家的语言开始沾染上了阴沉沉的和不断增长的怀疑,而这明显地受到了一种真正的担忧的影响:民主必然会消逝,除非通过不屈不挠的斗争和无情的严酷手段来拯救它。尽管如此,就像所有其他笼统的、概括性的政治表述一样,民主不可抗拒的这种观点产生自法国。大约在 50 年前它才首次被人察觉,而它被扩展到全世界则主要借助了德·托克维尔那本论述美国民主的书。在 1830 年的革命中,法国一些年轻的、善于思考的人因为民主观念在法国的复兴而受到了深深的触动,他们中就有出身贵族世家并受过正统主义教育的阿历克谢·德·托

---

① 东罗马帝国灭亡的时间是 1453 年。

克维尔。法国大革命的整个信仰体系明显被毁灭了且没有恢复的希望，毁灭它的有国民公会(Convention)①的罪行和篡权，军事习惯和观念，拿破仑·波拿巴的专制，与旧式君主体制的很大一部分相伴的波旁王朝的复辟，以及神圣同盟的严厉镇压。然而，当查理十世②试图做他哥哥在没有真正抵抗的情况下所做过的事情③时，这样小的一个挑衅就把整个革命情感和教条的洪流又带回来了，并使它们立刻蔓延到了整个欧洲大陆。毫无疑问，民主之中似乎有什么东西使它不可抗拒，然而正如谢勒先生在其小册子的一个最有价值的部分所说明的那样，当法国人谈论民主时，他们所想的与现代法国极端分子或英国激进分子谈论民主时所表达的意思并不相同。如果从积极的角度来表述他们的观点，那么它意味着中产阶级的优势地位；如果从消极的角度来表述，那么它意味着旧的封建社会不会再复兴。很长时间里，法国人民都在摆脱他们的一种担忧，即第一次法国革命所带给他们的物质利益是不安全的，正是这种担忧——我们可以从马莱·迪庞④的信件⑤中感知到它——使他们顺从于雅各宾派的专制，并致使他们以最深的怀疑来看待君主们结盟反对

---

① 指1792—1795年间的法国议会。

② 全名查理·菲利普，是法国波旁王朝复辟后的第二个国王(1824—1830在位)，他哥哥就是路易十八(1814—1824在位)。

③ 通过他1816年9月的法令。——原注

④ 马莱·迪庞(Mallet du Pan, 1749—1800)，法国政治家、报纸编辑，保皇党人。

⑤ 最近马莱·迪庞在1794—1798年间与维也纳宫廷的通信出版，非常重要也非常有价值。贡献了该书序言的泰纳先生曾经几次断言道，马莱是极少数理解法国大革命的人中的一个。就在写这些信件的时候，共和政体看上去明显正陷入最不受欢迎的境地，只是因为我们上面提到的那种担忧才减轻。毫无疑问，它是被拿破仑·波拿巴的军事天赋拯救的。马莱最重大的错误就是他没看到那种天赋。他认为波拿巴将军是个江湖骗子。——原注

这个共和国的计划。不过，民主渐渐地有了新的含义，主要是因为人们对美国联邦的成功感到惊叹且受到其影响，于是现在大多数国家都采纳了普选权。到 1848 年，人们开始非常多地根据古代的含义使用这个词，即大多数人统治的国家的政府。或许，正是我们的思想中呈现的这种科学气息，使那么多的英国人想当然地以为民主是不可避免的，因为在我们国家已经采取了相当多走向民主的措施。毫无疑问，如果有足够多的原因在起作用，那么结果总会继之而出现。但在造就政治之结果的所有原因中，最强大的原因就是思想的怯懦、倦怠和肤浅了。如果有一大批英国人——他们属于如果行动起来就很强大的那些阶级——不断地对他们自己和其他人说民主不可抗拒，且必将来临，那么毫无疑问它就会来临。

　　对民主的狂热通过应用于它的修辞手法而得到了表现，而这种狂热及关于民主不可避免的印象都同样是现代的。事实上，考虑到与民主相联的几个国家在历史上曾有过的辉煌时期，最不可思议的就是，那些有机会和能力对民主做出判断的实际观察家都承认对民主没多少敬意。格罗特先生尽其全力地要通过他的解释，去消除雅典学院里那些哲学家所持有的雅典民主不足取的观点，但事实却是，政治哲学的创始人发现他们自己在面对带着质朴魅力的民主时，仍认为它是一种坏的政府形式。现在这种以它为赞美对象的称颂仍然是起源于法国的。它们是通过关于第一次法国革命的演说和文学作品而传给我们的，不过这些演说和文学作品很快就从赞颂人类的新生转变为带点阴郁的怀疑和对杀人的谴责了。这种一度流行的钦慕民主的语言

75 有着更遥远的源头。可以发现，很奇怪的是，当雅各宾派主要
从早期罗马共和国的传奇史中借得他们的措辞时，吉伦特派则
喜欢采用卢梭文学作品中的那些隐喻。总的来说，与详述处于
自然民主状态中的人类美德的那种哲学的愚蠢相比，我认为造
就了英雄布鲁图斯和斯凯沃拉①的那种历史的无知（historical ig-
norance）要少一些可悲的荒谬。如果有人想要知道卢梭传播的信
念——当人生活在一个黄金时代里时，他们就像兄弟一样处在
自由和平等之中——的影响是什么，那么他就应当去阅读在
1789 年之前的法国所刊印的无数出自卢梭信徒的论文，而不是
这位贤人自己的作品。这些论文提供的非常令人不愉快的证据
表明，一个文明国家的知识精英可以因为对一种社会和政治理

76 论的狂热钦慕而被降至明显的智力低能的境地。② 有人可能猜
想，雅各宾派和吉伦特派的语言已经在嘲笑和厌恶中渐渐消失
了，但事实上它经历了一次平反，就像喀提林、尼禄和理查三
世③都曾被平反一样。托克维尔认为民主是不可避免的，但他是

---

① 马库斯·布鲁图斯（Marcus Brutus，前 85—前 42）是晚期罗马共和国的一名元
老院议员，曾组织和参与了对恺撒的谋杀。盖乌斯·穆奇乌斯·斯凯沃拉（Gaius Mucius
Scaevola）是罗马共和国早期的一位著名人物，他曾在罗马与伊特鲁里亚战争期间潜入敌
军阵营试图刺杀国王，失败被俘后又曾将右手伸进熊熊烈火以表现其勇气。

② 当吉伦特派领袖布里索（雅克-皮埃尔·布里索，Jacques-Pierre Brissot，1754—
1793，法国政治家和记者。——译者注）还是一个年轻人和充满热情的保皇党人时，他
就指出过财产权是盗窃，而这大大早于蒲鲁东。布里索说，存在着通过偷窃来纠正制
度不正义的自然权利。但他还有更值得注意的观点：同类相残是自然的和无可非议的。
他争辩道，既然在自然的统治下绵羊没有放过叶子上的昆虫，而狼和人又吃绵羊，那
么所有的这些动物为什么没有吃它们自己同种动物的自然权利呢？（*Recherches philos-
ophiques sur le droit de propriété et sur le vol considéré dans sa nature*，Par Brissot de War-
ville.）——原注

③ 喀提林（Catilina，约前 108—前 62），古罗马共和国时期的阴谋叛变者。尼禄
（Nero，37—68），古罗马帝国皇帝，有名的残酷暴君；理查三世（1452—1485），英格兰
国王，传闻他杀害了侄子爱德华五世即位。

带着怀疑和担忧来看待其来临的。不过，在随后的 15 年里，又有两本书出版了。它们非常流行，但在全盘否认常识方面完全可以与我们前面提到过的那些著作相比拟。路易·勃朗①把有杀人嗜好的学究式人物罗伯斯庇尔树为英雄；拉马丁②则把软弱的和短命的吉伦特派树为英雄。赞颂民主的语言中最主要的部分就是从这两位作家的书中产生的，它散布在欧洲大陆和当前英国的那些粗陋的政治文献中。

事实上，的确有一种称颂是民主常常获得和仍在获得的，而献上它的是这样一些人，他们害怕作为统治者的人民（governing Demos），或想要取悦人民，或希望利用人民。当民主是一种政府形式已经很明显时，对民众的赞颂意味着什么就很容易理解了。民主是倒置的君主制，献给民众的称呼就正和献给国王的一样。主权者越强大、猜忌越多，称颂就越多，颂词就越夸张。臣民们在与巴比伦或米甸国王说话时，开头通常都是"哦，国王万岁"这样的语句，而班克罗夫特先生则对美国人民这样说道："你们的权力上升之路就像存在法则一样始终如一地和庄严地向前推进，且就像永恒法一样是必然发生的。"这样的恭维话常常源于人性最卑微的部分，但并不总是如此。在我们看来卑微的东西在两百年前的凡尔赛却被看作亲切和礼让，而且许多人每天都在自己面前摆着这样的一部纪念性作品——题

77

---

① 拉马丁的《吉伦特派的历史》出版于 1847 年，路易·勃朗的《法国大革命史》则从 1847 年开始出版，一直到 1862 年，同一位作者的《十年史》是在 1841—1844 年间出版的。德·托克维尔著作的第一部分出版于 1835 年，第二部分出版于 1839 年。——原注

② 拉马丁（Lamartine，1790—1869），法国 19 世纪第一位浪漫派抒情诗人，代表作有《沉思集》《新沉思集》《诗与宗教和谐集》等。前文的路易·勃朗（Louis Blanc，1811—1882）是法国空想社会主义者和历史学家，代表作有《劳动组织》等。

献给詹姆斯一世的英语版《圣经》①，上面使用的是英国国王所认为恰当的语言。假设这一代人会对恭维——虽然这种恭维会献给人民而不是国王——有任何特别的羞耻感，是没有道理的。由于科学思维方式的发展，这种恭维甚至可能变得更为常见。丘奇教长②在他最近论述培根的书中提出了这样一个新颖的评论：培根面对有权势者时的表现就像他自己面对自然时的表现一样——"借服从去征服"（Parendo vinces）③。如果你抗拒自然，她就会压垮你；但如果你哄一哄她，她的巨大力量就会任由你支配。直接反抗一个王室的悍妇或学究④，是疯狂的；但通过阿谀奉承，你可以控制他们中的任何一个。当那些有知识的和受过高等教育的激进分子面对着群氓时，他们的心中大多都怀有这种想法。根据其听众的构成，他们会在我们今天的两种奇妙的备选理论之间作选择：其中之一是，城镇的工匠知道所有的事情，因为他们的工作一成不变，而且他们拥有那样多的时间；另外一个则是，乡村的劳动者知道所有的事情，因为他们的工作富于变化，而且通过这种变化他们的技能变得那样的灵敏。于是就发生了下面这样的事：某位受过教育的人大胆地告诉一群由莽汉和小丑组成的听众，他们拥有比同等数量的学者更多的政治信息。这并不是那位演说者的观点，但他认为它可以成

78

---

① 又称钦定版《圣经》，是英王詹姆斯一世集结约 50 名圣经专家经过 7 年努力而于 1611 年翻译出版的《圣经》，它只使用了约 8000 个常用英文单词。

② 全名为理查德·威廉·丘奇（Richard William Church，1815—1890），英国传教士和作家，他所写的《培根》一书出版于 1884 年。

③ 在人和自然的关系上，培根强调人必须服从自然规律，并提出"人是自然的仆役"，同时他还说"知识就是力量，要借服从自然去征服自然"。

④ 前者指伊丽莎白一世，后者指詹姆斯一世，培根曾深得后者的宠信。

为群氓的观点，而且他知道群氓不可能真的按那样去行事，除非它借助学术手段而产生影响。

对于各种虚假观点和荒唐的话，最好的预防措施就是更好地去了解一下人类政治事务所走过的真正的路线。在许多英国绅士（他们的权威现在多少有点下降）看来，政治史始于 1688 年。布赖特先生①给我留下的印象则似乎总是这样的：他认为政治史始于反《谷物法》的鼓动，而到 1846 年《谷物法》被废除时就停止了。更年轻的一些人则相信，政治史始于伯明翰城市史上的某次危机。然而事实是，在我们生活的今天，有一股绳子正在自己解开，而在很长的时间里它却总是紧紧地绞结在一起。就班克罗夫特先生对他的美国读者所说的话而言，要想出比它更没有根据的历史表述是很困难的。在"人类的政策不可能阻止"的变革被推进的整个时期，政治事务的运动（班克罗夫特称为"时代的趋势"）明显趋向君主制，就像它现在趋向民主制一样。人类政治史的那个阶段似乎是以所有这三种确定的政府形式——君主制、贵族制和民主制——在每个社会的萌芽而开始的。每一个地方都可以看到，国王和平民会议（Popular Assembly）是并立的，前者是一个负责祭祀和司法的人物，但主要是一个负责战斗的人物；后者有时受一个贵族元老院的控制，而且它自身的范围也在一个小寡头集团到全体自由的成年男性人口之间变化。在历史的开端，贵族制似乎在赶超君主制，而民主制则在赶超贵族制。这样的政治发展道路是我们特别熟悉的，

---

①　指约翰·布赖特（John Bright，1811—1889），英国政治家，参与了"反谷物同盟"的创建。

因为恰巧有关于两个著名社会的一部分记录留给我们，它们是雅典共和国和罗马共和国，前者是哲学和艺术的摇篮，而后者所开始的征服注定要把世界的很大一部分包含在内。后一个共和国大体是贵族制的，但从其衰落和罗马帝国创建开始的这17个世纪里，总体而言存在着非常普遍的趋向君主政体的运动。毫无疑问，也有过短暂的大众运动的复兴。当蛮族侵入核心的罗马疆土时，他们带来了非常广泛的古代的部族自由，这些自由被再次引入了欧洲的地中海国家，有一段时期看上去它们可能又被证明是政治自由的萌芽了。罗马的城市体制在意大利北部设有工事的城市里仍然在运转且未受到抑制，而它又再生了一种民主形式。但在军事专制政府的权力和声望不断增长之前，意大利的各共和国(Commonwealth)①以及封建的遗产和议会都消失了，只有一个值得注意的例外②。我们今天的历史学家动辄就从道德上解释这种变化，并且为此痛心疾首，但在每一个地方这种变化都是极其受欢迎的，而且它所唤起的热情就如现代激进分子对即将来临的民主的热情一样真诚。罗马帝国、意大利的专制政治，英国的都铎王朝君主制，法国的集权君主制，拿破仑的专制，它们都得到过欢呼喝彩，而这些欢呼喝彩大多出于真心实意，要么是因为无政府状态已被克服，要么是因为小规模的地方压迫、国内压迫已被控制，要么是因为新的活力已被注入到国家政策之中。在我们自己的国家，源于部族自由的大众政府比其他地方都更快地复兴了。受其所在国海岛性质的

---

① 除特别标明外，本书中的"共和国"都对应"republic"。
② 指威尼斯共和国，它的存在时间从9世纪一直到18世纪(1797年)。

保护，英国的大众政府努力地存活了下去，于是英国宪法变成
了"时代的趋势"的一个重要例外。通过它的微弱影响，这个趋
势被倒转了，然后走向民主的运动再次开始了。尽管如此，即
使就我们来说，虽然国王可能有人惧怕，有人不喜欢，但国王
的职位从来没有不受欢迎过。共和政体和护国公政体（Protecto-
rate）从来没有一刻真正得到过国民的喜爱。真正的热情是为王
朝的复辟保留的。因此，通常来说，从奥古斯都·恺撒的统治
到合众国的建立，处在衰落之中的总是民主制，且这种衰落直
到美国联邦政府建立为止都没有停止，而美国联邦政府自己也
是英国宪法的产物。此时此刻，民主正在接受的颂扬之词与曾
向君主制倾吐过的颂扬之词一样都是不恰当的。虽然现代形式
的民主是一系列偶发事件的结果，但它却被一些人看作是通过
不可抗拒的力量而持续向前推进的。

　　除了向民主致敬的风尚是如何兴起的这个历史问题，我们
还必须考虑一下，拥有倒置的君主制之名的民主在多大程度上
配得到给予它的敬意。在这方面，伟大的哲学家杰里米·边沁
的观点是最出色的。他的权威是与选举权在美国联邦大多数州
的扩展相联的，他还是那个精力充沛的英国激进派的智识之父，
而这个派别已和格罗特先生一起逐渐绝迹了。边沁声称，拥有
基本民主特性的政府要比其他政府更好地免受他所称的"险恶
的"影响。他所说的"险恶的"影响指的是这样一种动机：它导致
政府对共同体一小部分利益的偏爱胜过了对整个共同体利益的
偏爱。当然，我认为，现在要提到一个非常重要的限定条件，
边沁把这种信任归于民主有充分根据，而且就他自己那个时代

的环境来说是特别合理的。在他漫长一生中最活跃的时期，法
国大革命已经阻止了所有的进步，在随后缓和公众警觉气氛的
过程中，各种小的利益被发现在英国的预算中找到了自己恰当
的位置，就像中世纪意大利和德国那些横行的贵族在每一个陡
峭小山上找到了自己恰当的位置一样。边沁认为他们这样做是
很自然的。他说，主宰生活的是快乐和痛楚。每个人都追随自
己所理解的利益，而共同体中拥有政治权力的那个部分会为自
身的目标而使用它。对此的补救办法是把政治权力转交给整个
共同体。他们不可能滥用它，因为他们试图要促进的是所有人
的利益，而所有人的利益是所有立法的恰当目标。

　　对于这种显然极诱人的论证，有一两个评论必须做出。首
先，归之于民主的这种赞誉也属于君主制，尤其是绝对主义君
主制。毫无疑问，罗马皇帝对臣服于他的广大社会成员的普遍
利益的关心，要比实行贵族制的罗马共和国更多。结束欧洲封
建制度的那些伟大国王的声望是由此产生的：他们对其所有臣
属表现出来的公平，在程度上要比小的封建统治者所能够达到
的公平大得多；在我们自己的时代，所谓的民族性的建议是模
糊的和虚幻的，而建立在这一原则基础之上的国家①，通常有这
样一个真正的实际优势，即它消灭了小型暴政和地方压迫。还
可以进一步评论道，边沁观点中的一个非常严重的缺陷，已经
因为半个世纪的经验而被揭示出来，这种经验或许可以通过边
沁所忽视和可能隐瞒的那种历史研究而更进一步地回想起来。
毫无疑问，民主的政府试图根据民主的利益 (the interests of De-

----

①　即民族国家。

mocracy)来立法和管理，只要这些词意味着民主所认为的属于其自身的利益。就现实中政府的目标来说，利益的标准不是边沁所赞同的那种标准，而只是大众的观点。如果边沁那神奇的漫长一生能延续到今天，那么没有人会比他更易于承认这一点的了。他是进步的自由人士和激进分子的先驱，而后者现在势不可挡。所有他们喜欢的政治设计都出自边沁的思想。户主选举权（他对此的偏爱要稍胜过普选权）、无记名投票、一度受人欢迎的短期议会①，都得到了他有力的辩护，而且他憎恨贵族院。不过，政治作家们最强有力的和最基本的观点都不会那样直接地与当时的激进思想相抵触。对于这个论断，你只要翻翻边沁的书就能找到很多的证据。你会在偶然间看到这样的说明，即人类社会的所有机制都依赖于对理性预期的满足，并因而依赖于对产权的严格保护，以及契约的神圣不可侵犯。你会发现他认真地告诫我们要当心国家为公共利益而仓促地征用私人财产，你会发现他强烈地抗议在没有给利益相关者以足够补偿的情况下就滥用房屋拆迁权。在他对立法者的这些严重罪行的指责中，读到他对圈占公地所爆发出的热情②是很有趣的，而现在有时把那看作对穷人所获遗产的盗窃。人们曾认为已被他永远消除了的那种政治争论的毛病，又在他所建立的政治学派中获得了新的活力。边沁所揭露的"无政府的诡辩"（Anarchical So-

85

---

① 在19世纪30和40年代的英国宪章运动中，围绕争取普选权而提出的六点要求中就包括"议会每年改选一次"。

② "在英国，最重大的和认识最深刻的进步就是圈占公地。当我们路过这些已经历了此种愉快转变的土地时，我们会感到心醉，就好像一个有森林、羊群和微笑的居民的新居民地出现并取代了沙漠的悲伤和不毛一样。和平工业快乐的征服啊！贵族的扩张没有产生恐慌，也没有招引敌人！"——Bentham's *Works*, i. 342. ——原注

phisms)①已经从法国移植到了英国，且可以在进步的自由主义的文献和"议会的谬误"（Parliamentary Fallacies）②中读到，而后者是他曾在一个托利派的平民院的辩论中嘲笑过的。

86　　杰里米·边沁是少数完全为他们所认为的人类的利益而生活的人，他的名字已成为所谓他的人性"低下观"的代名词，甚至是在受过教育的人当中。然而事实上，在某个最重要的方面，他对人性估计过高了。他过高估计了人类的智识水平。他错误地假定，他根据自己不带偏见的智力而看到的那些明显的和确定的事实，也能被所有其他人或者他们中的大多数人看见。他不懂得，它们只对少数人即只对有知识的贵族来说才是可看见的。他的错觉主要来自他对某些事实的忽视，而它们并没有超出他的视界。由于不了解历史，也很少注意它，因此他遗漏了一种简便的方法来使自己搞清楚这点：大多数人可能怀有的对其利益的设想是极端错误的。"世界，"马基雅维利说，"是由庸俗的人所构成的。"因此，边沁的基本主张就转过来反对他自己了。边沁主张，如果你把权力放到一些人手上，他们就会为他们的利益而运用它。把这个规则运用于整个政治共同体，我们就应当会有一种完美的政府体制；但是，把它与大多数人当中包括了太多不能理解他们利益的无知者这一事实相联，它就提供了反对民主的主要论据。

---

① 边沁的助手迪蒙曾为边沁出版《无政府的诡辩》（英译也作《无政府的谬误》）一书，考察了法国大革命期间发布的人权宣言，批判了以自然状态的假设为基础的哲学，认为它会发展成为明显的无政府状态。参见梅因：《古代法》，沈景一译，商务印书馆1959年版，第52—53页。

② 边沁的友人和学生曾帮他整理出版著作《谬误集》（*The Book of Fallacies*）。

因此，边沁所断言的民主可免受险恶的影响和摆脱把更小利益置于更大利益之上的诱惑，应当被他引申到更绝对主义的君主制形式。如果这种建议确实向他提出来了，那么他可能会回答说，君主制有这样一种倾向，即显现出对最接近它的军人阶级、官员阶级和宫廷阶级等的宠爱。不过，在边沁的时代，君主制已经有很长的历史了，而民主制的历史非常短，仅和美国联邦建立以来的政治史一样长，我们能够在范围广泛的大众政府中发现与国王政府特征相同的那些缺点，因为大众政府是国王政府被颠覆的复制品。在这两种政府中的每一种的庇护下，都会有各种自私的利益滋生和增长，盘算政府的弱点并假装是它的仆人、代理人和代表。尽管如此，在做了所有充分的限定之后，我一点也不否认像边沁这样一位强有力的思想家所断言的民主具有的一部分优点。但是，把这种优点放到最大，也还不够抵消其很大的一个缺点。在所有的政府形式中，民主是最困难的。由于作为统治者的大多数人没有意识到这种困难，同时群氓倾向于和渴望把越来越多的权力置于自己管理之下，所以这种困难又加剧了，而这就是经验所给予的确定无疑的事实。正是民主政府的这种困难在很大程度上说明了它的存在时间为何是短暂的。

在民主的所有困难中，最大的、最持久的和最基本的困难深藏于人性的结构（constitution of human nature）之中。民主是一种政府形式，而在所有政府中国家的行为都是通过意志的运用来决定的。但是，在什么意义上大多数人可以运用这种意志呢？政治学研究者再也无法提出比这更贴切的问题了。毫无疑问，庸俗的看法是，大众做决定就像个人做决定一样，民众就像君主一样做决定。对于这种信念，有许多流行短语可做证明。"人民的意志""公共舆论""国家的最高愿望""人民的声音即神的声音"，都属于这一类，它们构成了政治纲领和新闻报道中那些常见用语的很大一部分。但是，此类表达语意味着什么呢？它们必然指的是大多数人在大多数问题上可以得出一致的结论，并且可依靠它而做出一致的决定。但是，这只对最简单的问题才是正确的。稍微增加一点难度，就会马上明显地减少一致的可能性，而且如果这种难度相当大，那么就只有受过训练的、有

89

思想的人，在或多或少严格的验证的帮助下，才能达成某种一致的观点。对复杂的政治问题的考虑会使最有才能和思想的人伤透脑筋，但它们实际上是被含糊地考虑和陈述的，而且它们大部分是由最有经验的政治家以最偶然的方式来处理的，在这些问题上，大多数人的共同决定是一种虚幻的假定，而且事实上，如果在这些问题上的确有可能从大多数人那里得出一种观点，并且可以根据这种观点来塑造国家的行政和立法行为，那么最具破坏性的大错很可能会被犯下，所有的社会进步会被阻止。事实上，现代痴迷于民主的那些人犯了个严重的错误。他们把理论和事实混淆了：理论上民众能够行使意志，但事实上民众只能采纳一个人或数量有限的人的观点，并根据它们而给自己的各种手段确立方向。

所谓人民的意志，其实就是他们对一个人或少数人观点的采纳，这个事实是由一个非常有说服力的例证加以确认了的。大众政府和大众司法（Popular Justice）最初是同一事物。古代的

民主把更多的时间和注意力用于民事和刑事案件，而不是其公共事务的管理，况且事实上大众司法维持的时间更长，它有更连续不断的历史，并获得了比大众政府更多的评论和培育。在世界的大多数地方，大众司法让位给了至少是同样古老的王室司法（Royal Justice），但它并没有像大众政府让位给君主制那样普遍地或完全地让位给王室司法。在英国，我们有古代大众司法的遗俗，体现在陪审团的职能中。陪审团（Jury，严格说是country）是古代进行审判的民主机构（adjudicating Democracy）。它受到了限制，也被修正和改进，以便与多个世纪的经验所提出的原则相一致，并使其与现代司法效率的观念相一致。[①] 在它上面不得不做出一些改变，而这是极其有启发意义的。陪审团成员是 12 个人，而不是大多数人。他们的主要职责是在很重要的问题上说"是"或"不是"，但这要以日常生活事务中出现的事实为转移。为了使他们能得出结论，他们得到了一系列发明和一些最高级的、人为精心设计的规则的帮助。一位专家负责主持他们的调查——他就是法官及相竞争的王室司法的代表，而全部的学问涉及的是，在什么情况下，可以把争论中的事实证据摆在他们面前。可能使他们不公正地怀有偏见的所有证据被严格排除在外。证据依旧由诉讼当事人或他们的辩护人提出，但对它们的调查是以古代所不知晓的一种保证——那位专家主席（President）对它们的概述——而结束的，而这位主席则被其所有的职业规则限定在最严格的中立上。如果他错了，或者说

---

① 斯蒂芬、斯塔布斯和梅因探讨了这个复杂的主题，参见 Stephen, *History of Criminal Law*, i. 254; Stubbs, *Constitutional History*, i. 685, especially Note 3; Maine, *Early Law and Custom*, p. 160。——原注

如果他们明显错了，那么诉讼程序可以由一个专家组成的上级法院撤销。那就是经过了多个世纪的培育之后的大众司法。正巧，最古老的希腊诗歌给我们留下了对早期大众司法的生动描述，当然它是对现实的临摹。初期的法庭要开庭审理，而问题是"有罪"还是"无罪"。共同体的老年人轮流给出他们的观点，那个进行审判的民主机构和那些在周围站着的平民，则为最打动他们的观点喝彩，而喝彩决定着结果。古代共和国的大众司法基本上具有相同的特征。那个进行审判的民主机构只遵从在辩护人或诉讼当事人的演说中给他们留下最深印象的那种观点。由于主审法官严厉的压倒性权威，现代英国的陪审团会根据某一位受雇佣的辩护律师所表现出的说服力而盲目地做出裁决，这是不用怀疑的。

92　　　现代进行统治的民主机构就是稍微改变过的古代进行审判的那种民主机构。诚然，我们不能说人们没有像将人数众多的法庭变成陪审团那样，努力对人数众多的统治进行类似的改进，因为各种缓解大众政府困难的办法已被发明出来并应用于英国和美国。但是在今天，一种走向未经改变的民主——大多数人力求把自身的大部分公共事务置于他们自己控制之下的政府——的运动似乎已经非常明显地开始了。这样一种政府只能决定提交给它的那些问题，正如老的大众司法法庭通过对某位向它讲话的人鼓掌喝彩而决定这些问题一样。进行统治的大多数人只会通过遵从某个人的观点而形成一种观点，而它可能是一个大党的领导人的观点，可能是一个小地方的政治家的观点，可能是一个有组织的社团的观点，可能是一家报纸的观点。根据看似的有理(plausibility，在这个词的严格意义上)来做决定的这一过程仍在很多地方继续着，随着参与磋商的人数的增多，它变得越来越混乱和多变，并产生了甚至更不确定和更难以捉摸的结果。

　　大众政府最有趣的和总体上最成功的试验都坦率承认了困扰着大众政府的那些难题。在这些试验之前，我们必须列上近乎是英国人发明的代议制政府，它使议会制度得以在这些岛屿保留，以免遭其他地方突然受到的那种破坏，并作为一种遗产传给了美国。最初在这种制度下，一个(在这个国家它从来都不是特别大的)选民团体(electoral body)选出一定数量的人在议会中代表它，并使他们免受明确的指令的束缚，至多大致地知道他们将尽力给公共政策提供具体的方向。其结果就是减少了大众政府的困难，而这与必须决定公共问题之人数量的减少正相对应。但是，这种著名的体制明显处于衰落之中，因为有个庸俗的假定已经逐渐取得了对它的支配地位，这个假定就是大多数人能直接决定所有对他们来说必要的问题。似乎显而易见的是，那种将代表送入平民院、谋求将代表变成只表达地方上所汇集观点的传声筒的机构，通常被冠以党团会议(Caucus)之名并被认为是从美国传入的，但国内卫斯理宗的教会组织很可能才是其原型。据说，古代意大利的毒理学家总是连续用三个术语来整理他们的发现，首先是毒药，其次是解毒剂，最后是中和解毒剂的药物。对民主基本病症的解毒剂是代议制，而中和它的药物现在可以在党团会议中找到。此外，非常不幸的是，从不受束缚的代表(representative)向被指导的代理人(delegate)

93

94

的这种快速转变正发生在平民院自身开始感受到其人数众多会产生困难的时候。杰里米·边沁过去常指责议员在整个会期中的缺席是一种严重的陋习。但是现在看起来，议员缺席及大多数议员不参加辩论对平民院事务的进行来说是必需的，而它当时是现在也仍是世界上人数最多的协商机构。有经验的政治家以悲叹和惊讶的话语来阻挠议事（Obstruction），而这只不过是大统治机构的疾病的常见症状。阻挠议事之所以产生，是由于平民院人数众多，而力争在平民院里表达的观点又各式各样。到目前为止，试图消除阻挠议事的措施在我看来都只是治标之法。没有哪个寻求真正进行统治的人数众多的议会能够免于此种疾病，而且它很可能会导致一次宪政革命，导致平民院把其立法权威的很大一部分交给由行政大臣们构成的内阁。

另一种试验和代议制一样也建立在对大众政府基本困难的承认基础上，它在我们这一代人中已经尝试了好几次，虽然不是在我们国家。它的一种形式被称作公民投票。一个问题或一系列问题被尽可能简化，然后整个共同体有选举权的那一部分人被要求对它说"是"或"否"。民主的狂热信徒正在开始遗忘，或者出于实用主义不予考虑，法兰西民族——现在被认为是通过民主制来统治自己了——的绝大多数人不久前就曾给过一位军事暴君他想要的任何回答。当然，可以勉强同意民主信徒们的是，提交给选民的那个问题设计得不恰当，不管它在形式上多么简化。路易·波拿巴是否应当成为拥有很大立法权的终身总统？他是否应当是一个世袭的皇帝？他是否应当被允许剥夺他自己所获得的权威的一部分？这些问题都不是简单的问题，

95

而是非常复杂的问题，不可能通过直接的"是"或"否"来做出回 96
答。但是，公民投票的原则已被嫁接到瑞士联邦宪法上了，而
且在一些州的宪法中，所谓的公民复决在更早的时候就已存在
了。在这里，要指责其为欺诈是没有道理的。一部新的法律首
先会经过立法机构完全的辩论、投票和修订，而且辩论会被报
纸传达到瑞士境内的每个角落，虽然它不是立即施行的。如果
一定数量的公民有意愿的话，那么整个选民团体会被召集来对
该法律是否应当生效的问题说"是"或"否"。我不敢担保说这种
解决办法已经失败了，但只有那些希望立法应当尽可能少的人
才会认为它是完全成功的。与所有的预期相反①以及让公民复决
的发起者大失所望的是，一些最重要的法律（它们中的一些是公 97
开制定的且很受欢迎）在被联邦或州立法机关采纳后却被人民否
决了。这一结果是足够清晰明了的。通过鼓动和劝告，就有可
能使普通公民的头脑中产生一种他想要某种变革的模糊印象。
但是，当鼓动平静下来，当激情渐渐消逝，当待立法事项得到
反复讨论，当法律的所有细节都展现在他面前，他当然会在它
里面找到很多可能扰乱他的习惯、观念、成见或利益的东西，
因此从长远来看，他会投票反对每个提案。曾把所有事物都踩
在脚下的民主是一种进步的政府形式，这种错觉深藏于某个政

---

① 这些预期是什么，可以从努马·德罗茨（Numa Droz）的话中推断出来。德罗茨
先生把公民复决称为"共和国曾尝试过的最伟大的试验"。然而，后果却是，自1874年
开始这种试验以来，在联邦立法机关通过的法律中，已被否决的有：一部选举法（连续
两次）、一部货币法、一部创建教育部的法律、一部创建司法部的法律、一部给华盛顿
公使馆秘书提供薪金的法律，以及一部允许在有理由怀疑州法院公正性的时候改变审
判地点的法律。值得注意的是，在一次州的公民复决中，一部建立累进税的法律也被
否决了。——原注

治学派的信念中，但再也没有比这更明显的错觉了。它既没有
得到经验的支持，也没有得到统计概率的支持。英国人在东方
遇到的是拥有很高自然智慧（natural intelligence）的庞大人群，对
这些人来说革新的概念是讨厌的。而存在如此庞大人群的事实
可说明东西方之间的真正区别只在于，西方国家有一个由杰出
人士组成的少数派，它出于好的或坏的目的想要变革。使英国
98　变得闻名和富裕的所有一切都是少数派活动的成果，他们有时
人数非常少。在我看来非常确定的是，如果近四个世纪里在这
个国家有非常广泛的选举权和很大的一个选民团体，那就不会
有宗教的改革，不会有王朝的变更，不会有对异端的宽容，甚
至不会有精确的历法。脱谷机、动力织布机、珍妮纺纱机甚至
蒸汽机可能都会被禁止。甚至在我们的时代，接种疫苗仍是极
其危险的。我们还可以说，一般而言，多数人掌权的逐渐确立，
对所有建立在科学观点基础上的立法来说都是最不吉利的兆头，
因为这些立法需要思想的张力以理解它们，需要自我克制以接
受它们。

　　事实上，民主政府固有的困难是那样多和那样大，以至于
在大且复杂的现代社会里，如果不是得到某些力量的帮助的话，
它既不能维持也不能运转。这些力量虽非专门与民主政府相联，
但民主政府却是因为它们才极大激发了自己能量的。在这些力
量中，最应该感谢的无疑是政党。

　　在作用于人类的各种力量中，再没有比政党更缺乏认真考
察的了，也再没有比它更应该加以考察的了。尤其是英国人，
99　他们对政党所感受到的困难非常像人们在被告知空气有重量时

经历过的一样。空气那样均匀地围绕着他们，那样平等地加压
于他们，以至于它有重量这一论断似乎是难以相信的。尽管如
此，要说明政党和政党政府是非常特别的事物，并不困难。让
我们假定到上世纪为止，写寓言故事仍是一种时尚，而在寓言
故事中，某个来自东方或西方的外国人——某个充满了好奇心
的波斯人，某个仍未被文明毁掉的休伦人，或者来自印度或中
国的某个不带偏见的和尚①，会根据欧洲国家的信仰和习惯给他
留下的深刻印象，而把它描述给世界另一端的亲属听。让我们
假定有一位伏尔泰或一位孟德斯鸠笔下的旅行者，对一个有教
养的和强大的欧洲国家的这些琐事进行了描述。而其中有一件
就是，在那里，由该国一半最聪明的人组成的那种政府制度，
正在尽最大力量阻止另一半最聪明的人的统治。或者让我们想
象，有某个拥有马基雅维利般果敢洞察力的现代作家，他分析
伟大的政党英雄（领导人或鼓动家）正如马基雅维利分析他那个
时代同样有趣和重要的人（僭主或君主）一样。像马基雅维利一
样，这位现代作家会停止用伦理立场来赞美或指责："他会依据
事物的真相，而不是假想的观点。"②"许多政党英雄，"他会说
道，"是被想象出来的，事实上没人看到他们或知道他们的存
在。"但是，他会根据他们事实上的样子来描述他们。他允许他
们有每一种私人美德，但会否认他们的美德对他们的公共行动
有任何影响，除非这些美德有助于让人相信他们的公共行动是
道德的。但他会发现这些公共行动与其说是不道德的

100

---

①　波斯人是孟德斯鸠著的《波斯人信札》中的人物，休伦人（操易洛魁语的北美印
第安人）和其他人物则可参见伏尔泰的《天真汉》等作品。
②　*The Prince*, xv. (101).——原注

（immoral），不如说是非道德的（non-moral）。基于实际的观察，他会断定，政党英雄将被他的职位所阻止而不能充分地实践诚实、正义和道德无畏这样一些重要的美德。政党英雄可能很少说出全部的事实，他可能从来不会公平对待除他的追随者和伙伴之外的人。政党英雄可能很少是无畏的，除为派别的利益之外。对这位现代作家所勾勒出的这幅图景，很少有人会否认其正确性，虽然他们可能会用道德必要性（moral necessity）的理由来为其实际存在辩解。此外，在一个世纪或两个世纪后，当民主国家像意大利的各君主国一样被遗忘之时，我们的这位现代马基雅维利可能会变得声名狼藉，而他的著作可能会变成笑柄。

　　政党与宗教有着很多非常相似的地方。它的追随者就像某个宗教的信徒一样，往往用他们经过深思熟虑而采纳的想象去替代他们所生于其中和卷入其中的事实。但是，他们极其不愿101　意公开与政党闹翻，他们认为谈论它的缺点是可耻的——除了跟信仰相同的人谈论之外。而且，每当它处在严重困难的时候，他们会回头帮助它或营救它。他们与圈子外的那些人的关系——辉格党支持者与托利党支持者的关系，保守主义者与自由主义者的关系——总体来说非常像犹太人和撒马利亚人的关系①。但是，最为接近的类比是政党纪律和军事纪律之间的类比，其实从历史上讲，政党可能只不过是人类原始好斗性的一种存留和结果。它是由荒野里的战争转变成的城市里面的战争，只是战争的进程在强度上减轻了。对此，能够提供的最好的历

---

　　① 撒马利亚人和犹太人本属同族，因多年的分裂不和，再加上撒马利亚人与异族通婚，两者互不来往了。

史辩护就是，它常常只使国民的各部分成为各个派别，而非武装起来的敌人。政党斗争就像武装斗争一样，产生了许多高贵但有缺陷和片面的美德，它产生了很多的自我否定和自我牺牲。但不论它在哪里占据优势，日常道德的很大一部分无疑都被悬置了。许多准则被接受，但不是宗教准则或伦理准则，而且人们所采取的行动——除了敌人之间和政治对手之间的行动外——非常普遍地被认为是不道德的或罪恶的。

政党辩论起初是贵族的职业，他们参加辩论是因为他们为这项活动本身而爱这项活动，共同体其余的人则作为政党的追随者而追随某一方或另一方。现在，政党已成为带着巨大能量而作用于多数人的民主国家的一支力量，同时有许多人造的发明已被创造出来，以推动和促进它的行动。然而，在一个民主国家，每个人所分得的政治权力的份额是那样的小，以至于政党如果不是与另一种政治力量相结合的话，要借助党团会议、政治演说和选战报纸等所有手段来引起千百万人的兴趣几乎是不可能的。这种力量直截了当地来说就是腐败。现在有个关于伟大的美国人亚历山大·汉密尔顿和他朋友的对话的故事，后者对汉密尔顿极钦慕英国宪法名义掩盖下的那样一种腐败体制而感到奇怪。据说汉密尔顿在回复中这样表达了他的信念：当腐败结束的时候，宪法也将随之崩溃。这里提到的腐败，就是乔治一世和乔治二世的辉格党大臣们①通过赠予职位和付给大笔金钱而公开实施的那种行为。但是，在乔治三世统治期间，此

102

---

① 辉格党从1714年起一直在政治上占优势，连续执政达46年之久。其领导人，即首相沃波尔等，以不断使用各种贿赂手段来影响议会而著称。

类行为逐渐减弱为一系列更隐晦的不当行为(malpractices)。人们对此不甚理解,但这可以通过那位节俭的国王持续的负债得到部分的解释。当然汉密尔顿的意思是,由于大众政府被许多的困难包围,因此他怀疑如果政府不花钱购买支持的话,大众政府能否以英国形式维持下去。就汉诺威王朝早期的政府来说,这个观点似乎是非常有道理的,于是"革命稳固法"(Revolution Settlement)①很快就变得非常不受众多英国人欢迎了。终结这种腐败的事实上不是发生在英国的事件,而是法国的事件,即发生于1789年的大革命。通过它所唤起的大部分国民对暴力的反感和它所具有的对其余国民的半公开的吸引力,它给英国政党提供了一些行动原则,而不需要任何腐败诱因的配合来唤起对党派的忠诚。我们发现,边沁在那场大战②结束后所指责的腐败不是贿赂,而是既得利益(vested interest)③,以其古老形式而存在的那种老的做法④也没有在英国复活。选举中的选票继续被购买和出售,但议会中的表决票却没有。

汉密尔顿是否期盼他自己的国家有一个纯洁的时代,这是无法确知的。他和他的伙伴们无疑对很快就将开始的政党的飞速发展没有准备,他们显然以为他们的国家将会很穷,而且他们可能期望看到所有险恶的影响被联邦宪法的精巧设计所击败。但是,合众国很快就变得富裕且人口众多;且所有白种男子(土

---

① 指英国议会在光荣革命之后于1689—1701年间通过的一系列法律,内容主要包括,限制王权,及宣布如果忽视议会法律,任何国王都将冒被废黜的风险等。

② 指1776年至1783年的北美独立战争。

③ 常被边沁用作抨击对象的词是"险恶利益"(sinister interests),指与共同体的福祉相对的特权阶级的利益,也即前文谈到的"险恶的影响"。

④ 指前文所述的英国政府花钱购买支持的做法。

生土长的或移民过来的)的普选权很快就通过最强大的一些州的立法被确立下来。由于财富、人口和广泛分布的政治权力,腐败很快就在有活力的生活中出现了。安德鲁·杰克逊总统公开宣布"战利品归胜者所有"的原则(它很快就被所有政党采纳),他把合众国政府中所有不属于他那个派别的公务员都免职了,而充任这些官职——在那样大的一片地域里必然是非常多的——的那些人,以及对公共土地和受关税保护的无数行业感兴趣的那群富裕的人,构成了一个范围广泛的赞助者团体。通过某种税从他们那里征收的大笔金钱,不久就被用于大规模的贿赂。对这种体制的反对使现任合众国总统①得以就职,但前不久支持布莱恩(Blaine)先生的几乎所有政治家的观点可能都和汉密尔顿对英国的观点极为接近。他们确信,美国的政党体制在没有腐败的情况下不可能维持。没有那样一种信念,即管理着法兰西共和国公共事务的公共人物对法国也持有相同的观点,就不可能写出谢勒先生的小册子②。这位作者说明了自麦克马洪元帅③辞职以来,所有法国政府寻求获得支持的方法都应受谴责。在公共腐败的一端,是过多的和奢侈的公共工程计划,而其另一端是用选举委员会的选票来公开交换高度集权的法国政府所安排的数不清的小职位。"战利品归胜者"原则已从合众国借用过来,并得到了彻底的应用。谢勒先生写道,在公共服务的每一个分支

105

---

　　①　指切斯特·艾伦·阿瑟(Chester Alan Arthur, 1829—1886),他原为加菲尔德总统的副总统,在 1881 年加菲尔德被刺后继任总统,在他的任内通过了《文官改革法案》,废除了"政党分赃制"。

　　②　尤其参见第 24、25、27、29、35 页。——原注

　　③　麦克马洪(Patrice de MacMahon, 1808—1893),法国元帅和法兰西第三共和国的第二任总统(1873—1879 在任)。

甚至司法部门里，未曾表示出对当时掌权政党忠诚的官员都被完全地清除掉了。

我们英国人尝试了一种我们自己所特有的办法，这在大众统治的共同体中是唯一的。我们把所有委派职位的权力都移交给了文官委员会(Civil Service Commissioners)，而且我们通过了反腐败法(the Corrupt Practices Act)。英国仍然保留着的与旧式腐败相似的唯一影响就是能够作用于社会的尊贵领域的影响，在那些领域里星形勋章、嘉德勋章、绶带、爵位、郡治安法官(lord-lieutenancies)仍在延续，这是一个最奇特的事实。我们自己所实施的这种夸张的补救办法会对英国政府产生什么影响，还有待后续观察。从合众国借来了党团会议，却拒绝用合众国曾使用过的腐败之油来沾染我们的手指，以润滑政党这部机器的轮子，其结果将会怎样呢？或许我们不能随意忘记的是，存在着两种贿赂。它可以通过向怀有期望的党徒许以或提供用税金支付的职位来实施，也可以存在于更直接的立法过程中，以把财产从一个阶级那拿走并转移给另一个阶级。当前这个时代的腐败可能正是后一种形式。

政党和腐败被证明是能把很多人置于公民纪律(civil discipline)之下的影响力量，它们可能与政治生活一样古老。对古希腊各城邦党派斗争的野蛮暴行，那位伟大的希腊历史学家①已经用他那最令人印象深刻的语句描述过了，而罗马共和国的选举中所实践的那种腐败，现代没有什么可在程度上与之相比拟，尽管通过一种早期形式的无记名投票(Ballot)而在它的道路上设

① 指著有《伯罗奔尼撒战争史》一书的修昔底德。

置了些许障碍。但是就在最近，第三种方法已经被发明出来了，以在大多数人中产生一致性的表象而非真正的一致性。这就是一般法则（generalisation），快速构建和自信说出政治主题上的一般命题（general propositions）的技巧。人们曾经认为，懂得一般命题的能力是最聪明的人的主要特征，是它使他们有别于那些总是沉溺于细节和琐碎事务的只有庸俗印象的人。事实上，人类在他们的知识史上曾有一两次屈膝拜倒在一般法则之下，而且事实上，如果没有它的帮助，或许最有能力和才智的人也无法承受不断累积的特殊事实的重压。但在当前这个时代，准备相信通则（generalities）已被证明是所受教育有缺陷的人（而不是完全未受教育的那些人）的一个特征。与此同时，渴望政治权威的人已经发现了任意制造通则的秘密。他们发现没有什么比制造通则更简单的了。所有的一般法则都是抽象的结果；所有的抽象都在于放弃某些特殊的事实，并建构一个会包含其余事实的公式；而一般命题的相对价值则完全以所选择和所抛弃的特殊事实的相对重要性为转移。现代的一般法则是通过极为轻率地和随意地选择、抛弃特殊事实而获得的，而这种选择和抛弃若适时适当地去做的话却是整个过程唯一困难的部分。一般公式（general formulas）被大量地生产出来，就好像它们是突然从知识机器中跳出来的一样，而经调查后可以发现它们是通过只注意少数的、琐碎的或不相关的特殊情况就得出来的。平民院里的辩论也可以经常读一读，它们完全变成了带有强烈个性的弱通则。在一个纯粹的民主国家，这类一般公式会有不可思议的影响。成群的人可以被带动着去赞同以鲜明的语言来表达的一

107

108

般命题，而它们可能未经过证实或不可能得到证实，由此就形成了观点一致的假象和幌子。对模糊命题的随意默许是存在的，然后人民就被认为已经说过了，且他们的声音就是神的声音。这种轻率的赞同对民主国家是有用的，它是一种最萎靡的国民习性。它使法国知识分子严重地丧失了力量。它正在极其有害地影响着英国的精神。它几乎要毁掉印度正在觉醒的知识分子了，在那里，有一些抽象的政治观念被受过教育的少数人及他们的报纸应用在了这样一个社会，其结构的十分之九仍停留在西方的 13 世纪，可这些观念却是排他性地建立于英国的事实（甚至在英国也需要限定条件）基础上的。

109　　我试图确立的观点是这样的。在不否认某位曾认为民主本身是一种好的政府形式的第一流思想家①所声称的民主政府的一些优点的同时，我指出它有个很明显的劣势，即它是所有政府中最难实现的，而且到目前为止使这种困难得以减轻的主要影响力量是有害的，不管是对道德而言还是对进行统治的大多数人的智力而言。如果多数人的政府确实是不可避免的，那么人们会想到，能否找到一些其他的或新的方式来使它实现所有既存政府都要追求的目标，而这将是那些最有头脑的人要运用其所有才智力量来解决的问题，尤其是在这个通过自身大众制度的成功为所有现代民主铺平了道路的共同体中。然而在英国或欧洲大陆，在这个主题上几乎还没有出现过什么值得提及的讨论。不过，我应当提请读者注意的是，在比利时这个小国，长期以来一直进行着一系列讨论，它以一个不同寻常的试验而结束。

――――――――――

① 指前面提到的边沁。

受到了拥护普选权的热潮的惊吓，这个国家最有头脑的人设计
了一部选举法①，它值得我们用尊敬的眼光去看待。根据规定，
他们不仅尝试把选举权与财产相联，而且与得到证明的各种表
现形式的能力相联，以使选举权不只被赋予那些对税收有一定
贡献的人，而且被赋予在高中或大学获得了荣誉的每一个人，
被赋予能通过一种测验并取得合格证书的每一个人，被赋予一
个车间或工厂的每一个工头。这样做的目的是不把权力赋予多
数人，而赋予多数人中最有能力的人。可是，这种试验目前仅
限于省和村社的选举，这样一种选举体制能否在比利时成功实
施尚仍有待观察，它在英国会伴有特殊的困难。总体而言，只
有在一个国家，关于最安全和最可行的民主政府形式的问题得
到过充分的讨论，且讨论的结果已通过实践而检验了。这就
是美利坚合众国。我认为，美国的经验表明，通过事先精心设
计出明智的宪法条款，民主可以是过得去的(tolerable)。公共权
力受到了小心的限制，它们被行使的方式是固定的，还采纳了
最充足的防护措施，以使更重要的宪法结构在未经每一种预防
措施保障和每一种审议协商机会的情况下不会被改变。这种权
宜之计并非不容置疑的，因为美国人还从未被诱惑去进行社会
主义的立法，毕竟他们定居在有着无限且不会耗尽的财富的国
家。但是，就目前而言，不可否认它取得了很大的成功，而这
种成功已经消除了民主过去的坏名声。与此同时，美国短暂的
历史已经证实了一个极为重要的消极结论。当一个国家以民主

①*Code Electoral Belge*, p. 280. Provincial and Communal Law of August 24, 1883.——原注

方式统治时，任何有关公共权力行使的重要问题若未得到解决，都是不安全的。对此我可以提供许多的例证，但最具决定性的例证就是"南北战争"，它的发生完全是因为"国父们"没有事先提供对某些宪法问题的解决办法①，以免它们激起黑人奴隶制的话题。由于有一部明智的宪法，民主可能看上去就像巨大的人工蓄水池里的水一样平静。但如果这个结构的任何地方有弱点的话，那么它所控制的巨大力量就会冲破它，并朝四面八方扩散其破坏行为。

　　这种警示值得所有英国人注意。他们正从各方面打开通往民主的道路。他们得当心，不要让它掉进一个装着松散泥土和砂粒的容器里。在心中保持这种警惕，他们就该考虑他们必须信任哪一种类型的宪法，才能对两三百万已被确认有选举权的选民以及 1867 年被赋予了选举权的民众的权力进行限制，并消除其缺点。1884 年夏天和秋天的那些事件是不能让人安心的。在所有的那段时间里，空气既炎热又沉闷，人们充满激情地维护着相互对立的观点。这场争论所围绕的观点涉及宪法的建构，而这个国家最有能力的人仍然在相互对立就表明这些争论仍然是悬而未决的。可以提请裁夺和决定它们的那种公认的权威是不存在的。诉诸法律是无用的，因为针对贵族院的指控就是，法律被滥用实施了。以选民团体的权威作为借口是无用的，因为针对平民院的指控就是，平民院并不代表选民。只描述这样一次重大的争论无法把它完全表现出来，但是为了充分阐明确

---

　　① 《美国宪法》第 1 条第 9 款规定："现有任何一州认为应准予入境之人的迁入或输入，在 1808 年以前，国会不得加以禁止。"因此，事实上回避了奴隶制这个尖锐的问题。

实存在的那些未决问题的范围和数量，我将依次提到这个国家公共权威的主要受托人——君王、内阁、贵族院和平民院，并记录人们持有的各种有关这些受托人在改变宪法结构的立法活动中应发挥何种作用的观点。

　　法律承认的君王的立法权力是其对平民院和贵族院这两院所通过的法案的否决权，以及解散议会的权力。这两种权力中的第一种因为不被使用可能已成具文。① 与此同时，认为它是由于与大众政府不一致而被放弃的，是没道理的。否决权不再被运用，是因为没有运用它的机会。第一位汉诺威国王②的统治时期是对外政策活跃的时期，当时的立法完全无足轻重。此外，国王的政府正逐渐地使自己的注意力转到立法的创议上，在一个多世纪里，国王们在通过他们所欣赏的首相来进行统治方面总体而言是成功的。至于通过国王意志的独立运用来解散议会的权力，还不能很确信地断言说它已被废弃了。这个问题在那些试图遵从英国宪法程序的殖民地已经讨论过很多了，而且看起来一般都承认，君王的代表③不能因为坚持解散立法机关受到责备，即便君王的大臣们都对此表示反对。不过，在这个国家，这个目标会以另一种方式而实现。君王会任命一些愿意冒诉诸选民的这种不太大的风险的大臣。关于这种情况，最晚近的一个先例是很现代的。1834 年，女王陛下的叔叔和前任国王威廉四世④

113

114

---

① 1707 年安妮女王最后一次行使国王否决权。
② 即乔治一世。
③ 指首相。
④ 威廉四世是乔治三世的第三个儿子，1830 年紧接其兄乔治四世而成为英国国王，1837 年威廉四世驾崩后，英国王位由其侄女维多利亚继承。

用罗伯特·皮尔爵士（Sir Robert Peel）替换了梅尔本勋爵（Lord Melbourne），而罗伯特·皮尔爵士自己像他后来告诉平民院那样承担了解散议会的全部责任。

内阁通过一系列的宪法拟制（Constitutional fictions）①，已经成功地继承了国王的所有权力，它已经把君王在立法上的所有权力及比这还要更多的权力都集中到自己身上了。内阁可以解散议会，而且如果它建议君王否决一个已获议会两院通过的法案，这种行动是否真的会被反对还是不确定的。在一个法案推进过程的任何一个阶段，内阁都可以通过议会的任何一个议院加以阻止，这是所有人承认的。事实上，这种权力的行使在1884年的议会会期结束之际曾得到大规模的例证，当时有许多极其重要的法案出于对内阁决定的尊重而被废弃了。内阁更进一步地成了所有重要立法的唯一来源，并因此种情况的必要性而成了所有宪法性法律的来源，况且当一个修订宪法的法案在平民院通过时，其细节的修改或保留就完全取决于时任首相的授权了。虽然这样的内阁本身是法律所不知晓的②，但它显然是在权威和影响力方面都处在不断上升之中的英国机构，而且除了行使比君王更多的立法权力之外，它还把议会几乎所有的立法权力都占为己有，尤其是剥夺了议会在立法创议上的全部权利。长期以来，英国人对这个机构及存在于有宪法的欧洲各国的模仿者都很熟悉，这使他们看不到它是非常奇特的。在历史

115

---

① 法律拟制（legal fiction）指根据需要把某种事实看作另一种事实，使前者产生与后者一样的法律效果，简单讲就是将原本不符合某种规定的行为也按该规定处理。

② 英国首相及内阁的地位、权力等原先一直依循的是惯例，直到1937年《国王大臣法》的颁布，首相一词始为法律所确认。

学家当中，对于他们在一些著名的国家里偶然发现的这种被赋予权威的秘密机构和委员会表示惊奇，同时也混杂着反感，这是很时兴的。在古代的历史中，有斯巴达的监察官；在现代的历史中，有威尼斯的十人委员会。它们都在这种精神的指导下受到了批评。这些作者大多数都是英国人，然而他们似乎完全没有意识到，他们自己的国家就是由一个秘密的①委员会来统治的。毫无疑问，内阁的秘密状态就是它的力量。民主的缺点有很大一部分来自讨论的公开，任何一位参与了公共事务的人都不可能不注意到，甚至是在少数人当中，达成一致的可能性都是与保密的可能性几乎严格对应的。如果内阁权力的增长受到抑制，那么这很可能是由于近期的一些原因。基本上，它就是领导着在平民院占多数议席的政党的那些人的一个委员会。但是，有迹象表明，内阁对其政党的权威正在转给其他委员会，而这些委员会成员的挑选，更多地是看管理地方政治事务的熟练程度，而不是辩论和行政上的杰出才能。

按照严格的法律规定，贵族院有权拒绝或修改任何提交给它的法案，除了财政案外，这两种合法权力中的任何一种都没有被停止或废弃。② 但后来变得很明显的是，当这种权力被延伸到修改宪法性法案时，对其运用的方式和条件就会有非常不同

116

---

① 没有哪个秘密能比英国内阁的程序更好地被保守住的了。从过去到现在，除了内阁大臣之外，这个国家或许不到一打人能准确地知道内阁成员是如何进行协商的，以及他们是如何做出一个结论的。不过，一些信息可从第二位艾伦巴罗勋爵出版的日记及布劳顿勋爵(J. 卡姆·霍布豪斯先生)留下的一些打印了但未出版的回忆录中获得，有一部分也可从麦默斯伯里勋爵最近的《一位前大臣的回忆录》中获得。——原注

② 根据1911年及1949年的《议会法》，如今的贵族院对平民院所通过的法案已没有修改和拒绝的权力了，而只有延搁权。

的观点了。同时，正如在这个国家并不少见的那样，要从参与辩论者——不管他们主张的是法律应当被修改还是他们所争论的那种权力应通过惯例而禁止——那激烈的语言中发现传统理解的先例，或纯粹的权宜之计，是非常困难的。各式各样的学说有很多，而它们之间的区别也很大。一方面，有个极端的政党①把贵族院对议案的拒绝比作君王对议案的否决，并坚持说第一种权力应当像后一种权力被认为的那样完全被放弃。相反，贵族院最有影响的一些议员②承认，贵族院拒绝选民团体已通过大选结果而表示同意的一个宪法性法案是不恰当的。在这两种立场之间似乎还有几种中间立场，不过它们中大多数都是以最不明确和最模糊的语言来表达的。一些人似乎认为，贵族院不应当拒绝或拖延对平民院权力、对平民院与选民关系，或对选民自身产生影响的宪法性法案。其他人似乎认为，如果这样一个法案是以微弱多数获平民院通过的话，就可以对它行使拒绝的权力，但如果这种多数超过了一定的数量，就不可以对它行使拒绝的权力。最后，从那些争论者激烈的语言中，除了下述观点外什么也得不到：贵族院不应当做错事，而它确实已在一个特殊的场合做错了事。③

117

平民院对立法包括宪法性立法的权力初看上去似乎是完全的和不受限制的。然而，正如我指出的那样，它在以前的某个

118

---

①　指自由党。

②　当废除爱尔兰官方宗教及剥夺其捐款的那个法案被提交到贵族院时，索尔兹伯里勋爵极力向它陈述这一原则。这个演说很可能确保了该议案的通过。——原注

③　可能指1832年上院拒绝下院所通过的改革法案，当时这一举动曾引起英国民众的激愤，而改革法案最终也是在国王保证必要时会册封足够数量的贵族的情况下通过的。

时候已把立法的创议权转交给了所谓的君王的大臣们，而现在正更多地把对此的领导权转交给他们。大体上，从那些主张其权力应最广泛地加以延伸的人的语言中，可以进一步观察到，有一种新的理论已经显现，而它提出了许多关于平民院在宪法性立法中的权威的令人困窘的问题，这就是关于授权（Mandate）的理论。人们似乎承认，选民团体必须授权给平民院以修改宪法。人们断言说，1880 年所选举出来的平民院已得到授权要把户主选举权引入各郡，而把选举权赋予妇女则未得到授权。那么，什么是授权呢？这个词在英语、法语或拉丁语中都没有这里所使用的那种意思。我推测它是法语短语 mandat impératif[确切的训令]的一部分，意指选民所表达的一种不允许代表违背的指示。且我猜想，这种残缺意味着指示可以通过不确切的和概括性的方式给出。然而，是什么样的方式呢？它的意思是如果一个候选人在某次选举演说中声明他拥护户主选举权或妇女选举权，并随后当选，他就得到了一种授权来投票支持它而不是反对它吗？如果是这样的话，那么需要多少次选举演说（包含着前面提到的那种声明）和多少人的当选才能构成对整个平民院的一种授权呢？此外，假定授权已经取得，那么它又在多长时间内有效呢？在七年法案下，平民院的会期可以是七年，但这个严格的法律几乎就没有生效过，且绝大多数情况下平民院的持续时间都没有接近过整个会期。它可以在第四、第五或第六个会期中才让授权生效吗，抑或一个被授权处理宪法修改问题的议会最早向自己提出的法案就必须是对宪法的修改呢？

　　这些悬而未决的问题构成了数月来在我们当中所流行的争

119

论的主题，但它们获得突出的地位一点也不任意和偶然。选民团体会收到的想要变革宪法的讯息的多少和性质的问题，那个团体是否应当给予立法机关那样一种"授权"的问题，现有的选民对所提议的宪法改革是否应当具有完全的裁决权的问题，立法机关对一个宪法性法案做出决定所必不可少的多数应当是什么样的多数的问题，所有这些问题都属于宪法学说的基本问题。这些问题中没有一个是这个国家所特有的，这个国家所特有的是对它们的理解和表达都极其含糊不清。美国人在各方面都感受到了民主的强大压力，但他们拥有丰富的、继承自其先辈们的宪法知识，他们不得不处理和解决上述问题中的每一个。我会尽力说明他们的解决办法是什么。现在我还不会选择美利坚合众国宪法这个例子，尽管它有大量的、各式各样的限制性条件，这些限制性条件被其制定者认为是为了在一个可能是民主的社会里确保自我控制（self-command）所必不可少的，而没有自我控制的话，这个社会就不可能成为一个国家或仍然作为一个国家而存在。就我的目的来说，引用个别州宪法中关于宪法修改所遵循程序的条款就够了，不用说，这些州只能在联邦宪法所许可的范围内立法。不过，对其中的一个事项即选举权，有几个州的权力直到最近仍是排他的，且仍然是极其广泛的。对于我将从伟大的《纽约州宪法》中抽取的那些条款来说，这一点赋予了其特别的价值和重要性。

《纽约州宪法》（仍然有效）的第13条是这样规定的：

> 对这部宪法的任何修正案都可以向参议院和众议院提出；如果两院当选议员的多数同意，那么这样的修正案应

当记入两院的议事记录中，并在上面标出"赞成票"和"不赞成票"，然后它应当被提交给下次大选中被选出的立法机关裁决，并且应在做出选择的 3 个月之前公布；如果在前述被选出的下一届立法机关中，所提出的修正案被两院所有议员的多数所赞同，那么立法机关有责任把所提出的修正案按立法机关规定的方式和时间提交给人民，如果人民通过有资格选举立法机关成员的选民的多数同意并批准这样的修正案，那么这样的修正案应成为这部宪法的一部分。

这一条的第 2 款提供了修改宪法的另一种方式：

在即将举行的大选（每隔 20 年）及立法机关根据法律可以规定的时间，"是否应当有一个制宪会议（Constitutional Convention）来修改和修正这部宪法"的问题，应当由有资格选举立法机关成员的选民来决定，如果具备此资格的选民在这样的选举中通过多数决定支持由一个制宪会议来实现上述目的，那么下一届会期的立法机关应当通过法律来规定这个制宪会议的代表的选举方式。

122

《纽约州宪法》的这些条款规定了宪法修正案应遵循的程序，因此也就包含了扩展或修改选举权的法案，美国几乎所有州的宪法都基本上是它们的重复。在有差别的那些州里，对此的规定一般来说更为严格。例如，《俄亥俄州宪法》要求立法机关每个分支的至少五分之三多数赞同才能提出一个修正案，而要想召集一个制宪会议的话需要三分之二多数赞同。在马萨诸塞州，提出一个修正案需要下院三分之二多数赞同，而要修改《路易斯安那州宪法》，必须获得两院各三分之二多数赞同。对于选民最后批准所提出的修正案的规定，《新泽西州宪法》比《纽约州宪法》的条款更为精确，它在"人民应当"及"批准和同意"的语句中间插入了"只在为那个目的而举行的一次特别选举中"的语句。这部宪法还宣布"在5年中提交给人民的修正案不得超过一个"，同时像其他几个州的宪法一样，它也没有权力去召集一个修宪会议。

因此毫无疑问，对于英国1884年的那场讨论中仍然悬而未决的那些难以处理的问题来说，美国这些州的宪法的解决方式是行得通的。首先，应当注意到，所有宪法承认的对宪法修正案拥有唯一裁决权的那个选民团体，无例外地都是现有的那个选民团体，而不是将来的任何选民团体。其次，被给予了最充分注意的是，宪法的修正案将被提交给被要求做决定的下一届立法机关，即将届满的立法机关的两院必须在决议案中记下分组表决的人数，而且这个决议案必须在大选的3个月前被公布。因此，在这次选举中被选出的代表将拥有所谓的一种"授权"，这是很清楚的。然后修正案必须得到新的立法机关两院的绝对多数的赞同，或者像在一些州所要求的那样，得到两院或其中一院的三分之二或五分之三多数的赞同。但是，除此外还有个最后的预防措施。这种授权必须得到批准。修正案必须以立法机关规定的任一方式提交给人民，而且正如《新泽西州宪法》所表明的那样，这种批准权通常被授予一个特殊的、为给予批准或拒绝批准的目的而特别选出来的立法机关。

这些就是在进行最重要的立法时预防意外和草率的措施，

它们是由美国的政治智慧设计出的。它们可以非常好地向英国政治家们说明一些重要的、深思熟虑的想法。在这 12 个月里，最值得注意的是，讨论进行过程中所使用的语言的强烈和激动的程度，远不如它所依赖的那些意见的模糊的程度。例如，贵族院因为犯了某种过错而被人威胁要消灭它。然而当考察这种过错时，它看上去只是违背了一些规则或理解，而这些规则或理解不符合严格的法律，且从来没有以书面形式表达过，同时这个国家任何两个有思想的人对它们的解释都不会刚好相同。政治史表明，人们总是更激烈地对措辞和提法进行争论，甚至比对物质利益的争论更激烈，同时看上去对英国宪法性立法的讨论与对所有其他立法的讨论的区别，就在于前者没有可依赖的固定点（fixed points）并因而带有非理性的狂热。所以，希望在某个更平静的时刻——现在两三百万更多的选民的创造已经完成了——我们可以借用美国的一些预防宪法性立法中的意外和轻率的措施，并以像美国所做的那样的精确性来表现它们，这是徒劳的吗？首先，在这个国家，一次重要的宪法修正应当借助有选举权和没选举权的民众的喧嚣大会才有可能推进吗？其次，它应当由议会通过实际上把议会完全排除在设计它的条款之外的这样一种程序来进行吗？最后，在为给予一个特定的穷人阶级以投票权的目的而被快速修改之前，它就不能成为法律了吗？有些人认为，唯一的解决办法将涉及把英国的不成文宪法转变为成文宪法。但我们国家宪法的很大一部分已经是成文的了。君王的许多权力、贵族院的许多权力包括其全部司法权力、平民院的大部分章程及其与选民团体的关系，在很久前就

已经通过议会的法案做了规定。首先，在普通立法和其他任何
国家所称的宪法性立法之间做区分，似乎不存在难以克服的反
对意见，其次，要求后者有一种特殊的立法程序以确保审慎和
协商——这几乎就是一种政党政府体制会容许的确保公正的方
法了，似乎也不存在难以克服的反对意见。另一种选择就是让
1884年的那场争论所揭示的那些问题保持悬而未决状态，然后
让已在积极发挥作用的各种趋势自由发展。它们会对我们产生
什么影响，是很清楚的。我们正在滑向与可怕的结局相联的一
种政府，即对宪法有充分权力并可随意行使此权力的一院制议
会。它将是一个理论上全能的制宪会议（all-powerful Conven-
tion），由一个实际上全能的、秘密的公共安全委员会来领导，
但议会通过阻挠议事来避免完全服从该委员会的权威，而对于
这种阻挠议事，委员会的统治者总是在某种道德断头台（moral
guillotine①）上寻找解决办法。

---

① guillotine 还有"终止辩论以付表决法"的含义。英国下院从未限制过议员的辩
论时间，但根据1881年通过的议事规则，下院可以经足够多议员（100名）的赞同而动
议"兹对该议题即刻停止发言"，以终止辩论并立即把正在辩论中的问题提交表决。

论文三
进步时代

毫无疑问，人类中最具创造力、最有礼貌和受教育最多的
那部分人现在正经历一个思想阶段，而如果单从这个阶段来看，
它将表明：再没有什么东西比法律和制度的转变更为人性所容
忍和深深迷恋的了。许多文明的共同体正设想着，一系列政治
和社会变革必定会实现，而在一个世纪前却没有人会想到它们
能够实现，除了通过革命的强烈震撼以外。一部分人正带着热
情洋溢的希望，另外稍多些的人正带着镇定，而更多的人则正
带着冷漠或屈从来看待这种前景。在上世纪末，法国的一次革
命撼动了整个文明世界，这个可怕事件的后果及其所带来的强
烈失望，将会使英国此后 30 年里的所有改进都被阻止，仅仅因
为它是革新。但在 1830 年，法国爆发了第二次革命，紧接着出
现了 1832 年英国选民的重组，继而英国改革后的议会开始了连
续不断的立法的时期，而那样的时期不是这个国家所独有的，
似乎是所有西欧国家都经历过的。人们常常未能认识到，不间
断的立法活动在 50 多年前的世界是非常少见的，因此没有人充
分注意到被我们称为立法的这种特定的行使主权权力的方式的
一些特征。作为一种变革的手段，立法与革命相比显然有许多
的优点；虽然它也有相当锋利的刀刃，但它更温和、更公正、

更不走极端，而且有时也得到了更多的考虑。但在某一点上，立法可能被证明比革命更加危险。政治癫狂（political insanity）的表现形式很奇怪，在一些国家可能有一些人期待着包含了一系列革命的"大革命"。但总体上看，革命被认为是一次就做完它所有事情的。然而，立法被设想成是永远不会停止的。它的一个阶段无疑已或多或少地被清楚理解了。在立法权力本身及国家随时会行使的所有种类的权威，被授予人民、多数人、构成每个共同体的那些人中的大多数之前，它是不会被阻止的。除那之外的前景都是黯淡的。或许，这样的前景将被证明就像革命后那段时间里有的一样令人失望。但毫无疑问，大众的期望是在民主建立之后，改革性的立法会像以前一样多。

129

对政治运动的这种热情本身被逐渐地与对民主的喜好等同起来了，它还没在欧洲的所有社会占上风。但是，它极大地影响了其中一些社会的制度，甚至当这种热情被抑制或阻止时，它仍被这些社会相当大的少数派所持有；而且即使这样的少数派很小（就像在俄国），过于集中的对变革的激情也仍然易于引发危险。过去与这种情感状况相类似的情感状况，必须到宗教的历史而不是政治的历史中去寻找。19世纪的政治改革时期与16世纪的宗教改革时期有一些共同之处。现在，跟那时候一样，大多数追随者必须与一小群领导人区分开来。现在，跟那时候一样，有一定数量的狂热信徒希望真理将获胜。他们中的一些人把他们所推进的这场运动看作对明显的坏东西的一种逃离；其他一些人把它看作从几乎不能容忍的状态向得到很大改进的状态的一种进步；另有少数人把它看作向一种理想状态的攀升，

130

而这种理想状态有时被设想为一种自然的状态，有时被设想为一种千年至福①的状态。但是，现在也像那时一样，在这些人背后还有一群人因为变革本身而对它感到高兴。他们会改革选举权、贵族院、《土地法》，或者与爱尔兰的联盟。他们所持精神正是宗教改革家背后的那些群氓的精神，而那些群氓曾用石头打破过一个圣徒的鼻子，焚烧过教士的长袍和法衣，并竭力支持长老会统治的教会政府。不过，比起我们现在看到的正起着作用的对政治改革的激情，对宗教改革的激情要更容易理解得多。在一个有着强烈信仰的社会里，正确思考的义务是通过可怕的惩罚来强制服从的，对这种义务的感觉是宗教改革的推进力量，正如在更早的时期它是基督教得以兴起和扩展的推进力量一样。但是，在现今这种政治运动背后的又是什么样的推进力量，不仅鼓舞了那些相信其民主理论、改革理论或灵魂重生理论(theory of regeneration)②的少数派，甚至也被那些盲目推理的或根本不做推理的民众感受到了呢？"如果你对罪之赦免(Justification)③持有错误的观念，那么你将永远灭亡。"这是一个很容易理解的主张；但是，体现为如下主张——"如果你直接投票给蓝色方(the Blues)，那么你的曾孙就将与美国普通公民处于同一水平"——的大多数英国民主哲学却不是同样容易理解的。事

131

① 千年至福论是基督教各派中得到越来越多人认同的一种理论，它认为在末世审判来临之前，基督耶稣会再度降临世间，然后信主的义人将受到嘉奖而复活，并和基督共同统治一千年，尽享人间美事。

② 在基督教中，重生是一个与拯救有关的术语，被理解为通过洗礼和信耶稣而达到的精神再生。

③ Justification指上帝对罪人的赦免，也作"(因信)称义"，是基督教中的神学术语，其含义有"承蒙赦免""宣告无罪""被称为义"等。

实似乎是，有很多人满足于认为民主是不可避免的，民主运动是不可抗拒的，这造成了这样一种现象的存在：他们看不到阻止它的方式，而他们也没有要阻止它的意思。还有其他一些人，他们似乎认为，当一个人顺从于不可避免的事物时，这是"非常值得赞扬的"，正如吉尔伯特先生①的海员英雄保持为一个英国人是非常值得赞扬的一样，因为他生来就是一个英国人。因此，他们用各种夸赞的名字来为这场运动洗礼，而其中最常见的就是进步（Progress）。它是我从来没有见到过任何界定的一个词，似乎有各种各样的含义，其中许多含义很特别，因为我们今天的一些政治家似乎只为无目标的运动而使用它，而其他人实际上是为向后的运动即走向原始自然的状态而使用它。

在这个时代，对变革的激情使一定数量的人为之着迷，而更大数量的人则表现出了对它的默许。那么，这应归之于影响132 政治领域的任何特殊的原因吗？抑或，对变革的热情是人性普遍的和永恒的现象吗？这是一个非常重要的问题。某些引人注目的事实似乎表明上面的第一种推论更为正确。最值得注意的是，试图改变自己习惯、法律和制度（甚至容忍这样的提议）的人是相对小的一个部分。很多人讨厌在西方的语言中被称为变革的东西，而他们中的一些拥有重要而独特的文明。整个伊斯兰世界都讨厌它。群集在非洲大陆上的多数有色人种讨厌它，而被我们习惯于归类为野蛮人和原始人的很大一部分人也讨厌它。居住在中华帝国的千百万人厌恶它，而且（更重要的是）鄙

① 可能指汉弗莱·吉尔伯特（Humphrey Gilbert, 1539—1583），英国军人、航海家、探险家和海盗。

视它。很少有什么比下述事实更值得注意和（就它们的表现方式
而言）更有启发性的了：属于中国社会有教养阶级的人会带着执
拗的怀疑和蔑视反对他们所常常听到的西方文明的自夸，并且
他们对自身观点的确信同样可以抵御他们体验的西方军事优势
及科学创造和发明的奇观，而正是它们战胜了无疑很脆弱的日
本人的孤傲。在印度，有少数人受到了英国政治家和浸染着英
国政治思想的书籍的教育，他们学会了重复英国政治家的语言。
但是，即便是这些人，如果他们有发言权的话，是否会允许欧
洲的立法开始涉及的那些关于社会习俗和宗教习俗的事项被染
指，也是有疑问的。不过，印度人口的绝大多数憎恨和害怕变
革，这是毋庸置疑的，正如全体人口被划分成各个部分——印
度社会通过种姓而凝固成型——被看作自然的一样。印度政府
要调和这种强烈的、持久的情感与英国化的少数人那更微弱的
情感，这是非常困难的，但相比之下，要使前一种情感被英国
人民所理解实际上却是不可能的。很明显，在英属印度的历史
上，那个最重要的事实，即印度雇佣兵的兵变（the Mutiny of the
mercenary Sepoy Army），对西方普通人来说就像一个谜，正如某
些颜色对色盲的人来说是个谜一样。对 1857 年的这些事件，甚
至历史学家也被迫向公众提出完全或部分虚构的解释，因为他
们无法使公众相信，这样大的一次民间起义是由对涂过油的子
弹的偏见而引起的。① 不过，人类中最大的那一部分人强烈的保

——
　　① 印度雇佣兵的兵变指 1857 年到 1859 年发生在印度北部和中部，以雇佣兵为骨
干的反抗英国殖民统治和争取民族独立的起义，亦称"印度民族起义"。其起因据说是
英国军队发给印度士兵涂有牛油和猪油的子弹，被信奉印度教和伊斯兰教的士兵认为
是有意的侮辱（牛是印度教的神圣动物，猪是伊斯兰教的禁忌物）。

守主义已明显得到了很多证据的证实，就像某些民族在铁路、电报和民主政府方面值得夸耀的证据有很多一样。

134   尽管有相当多的证据（我在 1861 年写道），但对西欧的一个公民来说，要使他自己完全认清下述真理，即他所身处的那个文明是世界史上的一个罕见的例外，是很困难的。如果那些进步种族与人类生活整体之间的关系生动地呈现在我们面前，那么我们所共有的思想基调，我们所有的希望、担心和猜测，都会在很大程度上受到影响。无可置疑，人类中最大的那一部分人，自从其公民制度因体现在某种永久的记录中而被赋予了外部完整性（external completeness）时起，就从未表现出过一丝应当对此制度加以改进的意愿。时不时的，会有一组习惯被突然废除，并由另一组习惯取而代之。在这里或那里，伪称有超自然起源的原始法典（primitive code）会被极大地扩展为和歪曲为最令人吃惊的形式。但是，除了在世界的一小部分地区外，并不存在法律制度的逐渐改进。物质文明是有的，但并非文明扩展了法律，而是法律限制了文明。①

除了对变革的热情相对罕见这个事实外，还必须补充一个事实，即它是相当现代的。人类中只有一小部分人知道它，而且在无边无际的历史长河中，他们也只是在很短的时间里知道

135 它。这种对变革的热情并不比大众政府对立法的自由运用更古老。再没有什么比大众政府一直在立法的假设更为严重的历史

---

① *Ancient Law*，chap. ii. pp. 22，23. 这个观点被格罗特先生所采纳，参见他的 *Plato*，vol. ii. chap. v. p. 253（note）。——原注

错误了。毫无疑问，一些大众政府是在现在看来相当适度的范围内立法的。但总体上看，在恢复或保留某种古代宪法（有时可追溯到部分现实和部分想象的过去，有时指完全非历史的自然状态，有时则与最早的一位立法者的大名相联）的斗争中，它们的活力已经证明了它们自己。英国人曾在几个世纪里拥有一个在其中有很强的大众因素的政府，而且在这两个世纪里英国人拥有一个几乎是无限制的大众政府。① 然而，英国人的祖先争取的不是一部典型的将来的宪法，而是一部典型的过去的宪法。现在会被称为立法改革活动期的那几个时期，是与一些特殊的时刻相联的：它是与宗教改革中的情感的爆发相联的，是与克伦威尔和独立派（Independent，现代不妥协派真正的先驱）的支配相联的，也是与詹姆斯二世统治时期对罗马天主教会的恐惧和嫌恶再度流行相联的。这些时刻不是强烈的政治情感的时刻，而是强烈的宗教情感的时刻。就在英国大众政府引起了整个文明世界那些受过教育阶级的钦慕之时，我们汉诺威王朝国王的议会正忙着控制政府的行为、讨论对外政策、激烈地辩论对外战争，却几乎没怎么立法。事实上，对立法变革的热情不是起源于一个大众统治的国家，而是起源于一个独裁统治的国家；不是起源于英国，而是起源于法国。英国的政治制度是欧洲大陆人羡慕和赞颂的，它不可能在没有大规模的立法革新的情况下被模仿，但这些革新所需要的基础和原则正如大家将要看到的那样，与任何一个阶级的英国政治家所知晓的都完全不同。尽管如此，就其最终后

136

———————————

① *Ancient Law*, p. 6. ——原注

果而言，源于法国的观念已经深深地影响了英国政治思想，并且和另一种近期的但仍起源于英国的观念混合在了一起。

因此，绝对不容忍变革哪怕是现代语言中我们所称的那种政治变革，是绝大多数人的特征，而且是人类历史绝大多数时候的总体特征。在我们今天，对变革的热爱通常被假定为不可抗拒的，而推动变革的能力则被庸俗地假定为无限的。那么，有什么理由可认为，对变革的热爱和推动变革的能力，最终只限于我们称为"政治"的一个非常狭窄的人类行动领域，甚至可能不是这个领域的全部？让我们看看人性中与政治没有任何联系的那些部分吧，因为主权国家的权威对它们根本没有影响，或者影响极微弱和间接。让我们暂时留意一下人的习性（Habits）吧。习性是人的一种行为模式，要么我们会非常无意识地遵从这种行为模式，要么我们遵从它的理由比不遵从它的理由更充分。人乐意改变自己的习性吗？"人是习性的动物"这一格言无疑是对大量经验的概括。诚然，人们遵守习性的那种固执并不是在世界的所有地方都刚好一样的：在东方最为严格，在西方则并不严格。在英国人的所有种族及其后裔中，美国人最愿意为了一个对他们来说似乎是恰当的目的而忍受习性的重大改变。然而，这是证明上述规律的一种例外。移民到澳大利亚或印度的英国人会尽可能地模仿近似英国生活，他们一直忍受着令人不愉快的背井离乡，并期望有天回到他们青年时或童年时所过的那种生活中去，尽管是在略微改善的条件下。事实的真相是：人们的确会改变他们的习性，但程度很有限，而且几乎总是多少有些不情愿或痛苦。对他们来说，生为这样的人是幸运的，因为他们的大部分习性已通过长期的经验而被他们所属的种族习得了，且可能是在经受过很多磨难之后才习得的。一个人不可能安全地吃喝、下楼梯、穿过街道，除非他被习性引导和保护，而那是长时间的结果。这些习性中特别的一组，可能也是最让人吃惊的，便是我们能够安全地应对火的破坏性，而不极大经受痛苦和伤害，人类不会习得这些习性。同样，人们与其伙伴所共同遵从的公共习俗（public usages）也是在经受过无数痛苦和伤害的情况下获得的。

让我们从习性转到礼仪（Manners），也就是说，转到我们不仅自身实践而且期望他人遵从的那些行为习惯。这些行为习惯表明人们天生就容忍对习俗或惯常的行为路线的背离吗？很少。考察这个主题时我们会发现，那种背离是很奇怪的事情。情感上的强烈反感无疑是由礼仪或言语中的一种错误而引发的，那么使人们产生这种反感以及做出此反感判断的真正原因是什么呢？为什么没有正确地使用餐叉和洗指碗①，或者发错了元音、送气音，就会立即使人产生强烈的反感呢？关于这种情感，有一些事情是确定的：它不是现代的，而是非常古老的，并且可能和人性一样古老。在古代，一个种族与另一个种族之间、希腊人和野蛮人之间数不尽的古老区别，以及他们所带有的对彼此的全部憎恨，最初似乎都只是建立在对言语差异的厌恶基础上的。此外，这种情感没有市井和高贵之分。它深入社会最卑微的人群，虽然在那里礼仪的规则有所不同，但它甚至被更严格地强制遵守着。不管这些事实表明了什么，但都的确表明人性不是易变的。

139

---

① 一种在正式宴会场合使用的玻璃制小碗，装上水可供宾客们清洗手指。

不过，还有其他更值得注意的和更有启发性的事实，它们指向了相同的结论。到目前为止，人类中的一半人（在这个时刻和在我们国家则是超过一半的人）被置于政治之外，且直到最近也没有任何迹象表明这群人中的任何部分对从事政治的关心比对参加战争的关心更多。因此，在所有的人类社会里，一个重要的和有影响的阶层基本上是非政治的（non-political），而它在任何地方都拥有知识力量，且在这里还拥有知识素养。那么，妇女是以对变革的激情为特征的吗？当然，更大数量的经验所证明的事实是：在所有的共同体中，她们是最严格遵守习惯的人，也是对偏离公认的道德准则、礼仪和时尚的行为最坚定的监察员。"女人是善变的"（Souvent femme varie），那首被认为系弗朗西斯一世所作的法国歌曲的确这样唱道。但是比一个特别风流的法国国王更敏感的妇女天性观察家则会得出非常不同的结论，甚至是在两性关系上，他们几乎会断言说坚贞不变是一种特殊的和突出的女性美德。这似乎一直是萨克雷和特罗洛普①的信条，但萨克雷和特罗洛普所从事的艺术本身也提供了对妇女的保守主义的突出描述。在刚过去的15年里，这种艺术很大程度上已落入了他们的手中。那么，民众阅读的这些被大量地和不断地生产出来的文学小说，总体上采纳的关于生活和社会的观点是什么呢？我至少可以说，如果这一代大的著作的其他部分都没有存留下来，那么最终这个文学分支留给人们的印象是，我们生活在一个狂热的进步时代。在小说的世界里，通常

① 萨克雷（Thackeray，1811—1863）和特罗洛普（Trollope，1815—1882）都是英国文学家，前者的成名作和代表作为长篇小说《名利场》，后者最主要的作品是由六部系列小说组成的《巴塞特郡纪事》。

引起人们崇敬和热情的似乎都是古代的和悠久神圣的东西。传统的社会区分被赋予的重要性，比实际生活中属于它们的重要性更大。财富总体上被看作可笑的，除非与出身相联。而对改革的热情正处在被等同于非正义、荒谬或罪行的很大危险之中。这些书越来越多地由妇女写出，并为越来越多的妇女所阅读，它们无疑留下了关于女性喜好和观点的基本特征。另一方面，必须承认，我们所知道的一组特殊的、被统称为时尚（Fashion）的习惯，是被置于妇女特殊保护之下的，而且无疑存在着时尚总在改变的这种普遍的印象。但是，时尚真的会非常广泛和非常快速地改变吗？毫无疑问，它的确会改变。在欧洲的一些大城市，有某种真正的天赋在起作用，而且还有无数的、使人厌倦的试验，以使某种新的但还不会使老人们的深厚情感受到冒犯的东西可以被设计出来。这种革新大部分都失败了，它的一些部分有时成功了，但这种改变很少是大幅度的，而且回到老的时尚跟采纳新的时尚一样常见。我在以前的一本书中说："我们谈到了时尚的变化无常，然而对此进行历史的考察的话，我们会发现这种变化是很有限的，以至于我们有时想要把时尚看作在经历样式不断自我重复的周期。"①《旧约》中提到的妇女穿着的怪异仍然可以被认可，令人不可思议的是，以所谓塔纳格拉塑像②为代表的希腊妇女③很像我们今天的一位女士，而且若

141

142

---

①　这一句出现在本章附注之中。——原注

②　指19世纪在塔纳格拉的一次考古挖掘中意外发现的一批赤土陶器小雕塑，它们大约制造于公元前340—前300年的古希腊。其中，身穿褶线衣裙的妇女小塑像、年轻男子像、胜利女神像及小爱神厄洛斯塑像都体现了当地雕塑作坊的雕刻特点。

③　主要的区别是希腊妇女没有衣领支撑，并偶尔会戴一顶阳伞以作为其头饰的一个固定部分。——原注

查阅一本关于中世纪服装的书，我们会看到女装的一些部分在
略有掩饰的情况下被巴黎女装裁缝的创造才能一再地恢复。在
这里，我们又可以评论道，对人类的很大一部分来说，妇女时
尚没有广泛地和快速地改变，是极为幸运的。因为，妇女时尚
突然的和频繁的改变，或多或少会影响世界上最富裕地区的一
半人，会引发最难以对付的那种工业革命。你可以问问自己：
能够设想的降临于庞大人口的最可怕的灾难是什么？答案可能
是一场血腥的战争、一次凄凉的饥荒、一种致死的流行病。然
而，这些灾难所带来的人类苦难，都没有那样一种时尚的革命
所带来的人类苦难多和长，即妇女应该穿某一种颜色的某一种
材质的衣服，而男人实际上就是这样穿的。因为它，欧洲和美
国的许多繁荣和富裕的城市将处于破产或挨饿的境地，而这将
比中国、印度和日本的一次饥荒或一场瘟疫更为糟糕。

关于人性很少改变的这种观点本身已经得到了最近一些调
查的增强，而它们朝新的方向扩展了人类的历史。这些调查被
很别扭地称为"史前的"（prehistoric）调查，它们实际上旨在扩展
历史的范围，其方式是超出历史开始体现在文字中的那个时点
而搜集历史材料。它们是通过考察处在原始的、野蛮的或半文
明状态中人的生活方式和社会习惯而进行的，而且它们是从这
样的假定开始的，即文明的种族也曾经处在那种状态中，或者
处在某种类似的状态中。毫无疑问，这些研究并非处在完全令
人满意的阶段。正如在劳作者相对较少而证据又那样缺乏的领
域中经常发生的那样，这些研究做出了很多轻率的结论和过于
自负的推断。但是，这些研究无疑增进了人们对已不再属于我

143

们的社会状态的认识，以及对不同于我们的文明的认识。总体而言，这些研究表明，在变革的时代之后，区分文明人和原始人、野蛮人的那种差别并不像庸俗的观点所认为的那样大。人类在西欧已经改变了许多，但奇异的是人身上还有野性，这种野性独立于人的体格特性。文明人拥有以最大程度的渴望所从事的许多活动，拥有以最强烈的喜悦所沉溺于其中的许多嗜好，而它们都不能够从知识上加以解释，或者与公认的道德相一致。这些追求和嗜好总体上看是文明人和原始人所共有的。像原始人一样，英国人、法国人或美国人也争战；像原始人一样，文明人也打猎；像原始人一样，他也跳舞；像原始人一样，他也沉溺于无止境的思考之中；像原始人一样，他也特别看重口头交流；像原始人一样，他也是党派的成员，拿报纸当作图腾，而不是在前额或手臂上有个记号；像原始人一样，他也把他的图腾当成他的神。他甘愿拥有这些在书中、演说中或布道中被谴责的嗜好或追求，但他由它们所得到的喜悦可能比他做任何事情所得到的喜悦都更强烈。

因此，如果有理由认为人性总体而言不会持续改变，而且大多数时候只会缓慢地和小幅度地改变，如果塞涅卡①的那个格言"在不同路口发生的也不会不同"适用于它的话，那么就值得我们去调查对政治变革的特殊热情的原因。这种热情似乎时不时地膨胀，且给了很多人这样的感觉，即它们的出现是一个不可变的、无情的和预先注定的过程。我可以首先评论道，在大

① 塞涅卡(Seneca，约公元前1—公元65)，古罗马政治家和哲学家，新斯多葛主义的代表，文艺复兴后他的名言警句在欧洲一直为人们广泛采用。

众的思想里，政治革新与科学进步有明显的联系。我们常常会
听到，某位政治家断言这是一个进步的时代，并用铁路、大蒸
汽船、电灯或电报等作为这种推断的证据，以支持激进变革的
主张。现在毫无疑问，如果进步只按照那种明白的含义而被理
解为新观念的不断产生，那么科学革新和科学发现就是这些观
念重要的和持久的来源。人类对自然的每一次新的征服——给
了人类对自然力量的控制——和对自然奥秘的每一次新的且成
功的解释都产生了许多新的观念，这些新的观念会最终取代旧
的观念并占据它们的位置。但是，在西方世界里，新观念的形
成并不总是或必然产生人们对革新立法(innovating legislation)的
偏好。在东方，情况毫无疑问有所不同。当一个共同体将大部
分社会习惯与一种宗教制裁相联，而其宗教又与旧的和错误的
对自然的解释相联时，最基本的地理学和物理学知识就可能推
146 翻关于社会结构的大量既定观念。一位印度的年轻人知道婆罗
门是半神圣的，品尝牛肉是致命的罪，也知道邻近印度的锡兰
是一个住着恶魔的岛屿。简单地揭露这样的骗局就可能改变他
对于人生的全部看法，而这确实也能解释将印度区分为受教育
阶级和未受教育阶级的那种巨大鸿沟。类似的观念革命在西方
非常少，而且事实经验显示，革新立法与其说与科学相联，不
如说与某些不能够进行精确科学论述的事项偶尔会呈现的科学
气氛相联。属于这类事项的有边沁的法律改革计划，还有最重
要的，李嘉图论述的政治经济学。在刚过去的 50 年里，这两者
都是立法极其丰富的源泉。但这两者现在几乎都完全不时髦了，
它们如今受到的冷遇可以作为一个警示，告诫人们不要太草率

地认为现有的进步政治家与进步科学之间的友好联盟会总是持续。当发明被成功地应用于生活技术时，会有这种应用所引起的习惯被打乱和行业被更替，且它们起初总是极其不受欢迎的。人们已经接受了街头照明设备和铁路旅行，那是他们曾吵闹着加以反对的。但英国人从未接受过《济贫法》(Poor Law)——第一项重要的经济立法的成果，而他们是否会接受自由贸易也有待观察。对大多数人反对科学发明的这种偏见，有位历史学家用讽刺的话进行了驳斥。[①] 但是，当大多数人是全能的时侯，这种偏见能够为历史提供素材。

人们对革新立法表现出明显热情的主要原因并没有得到应有的重视。立法是大众政府的活动之一，而且在所有由大众统治的共同体中，都可以感受到对这些活动的最强烈的兴趣。这是大众政府相对于旧式政府的一大优势，而且它是非常引人注意的。20 年的时间里，在靠近我们海岸的地方有个突出的例子，它证明了在法国第二个波拿巴帝国的持续期间，其绝对君主制的劣势。这个帝国从未克服自己因为其国内政治的黯淡而遭受的不利条件。占据其报纸的丑闻、诽谤、谣言及琐事，被证明不能替代在共和国和立宪君主制持续期间占据着报纸的政治讨论。当这种与有教养的和精力充沛的头脑相适应的刺激和乐趣衰退，统治帝国的那些人敏锐地意识到这种衰退中包含的危险。他们试图给法国公众提供一种更高层次的可转移注意力的事物，即冒险的外交和战争，而他们应对上述危险的这种努力直接导

---

① "在那个时代(1685 年)，有些傻瓜反对所谓新发光体的引入，正如我们时代有些傻瓜费力地反对种牛痘和引入铁路一样。"Macaulay, *History* I, c. iii. p. 283. ——原注

致了他们被推翻。另外，一些优秀的评论家也把俄国的政治不稳定、俄政府对外的侵略性，以及国内对政府的猛烈攻击，都追溯至和平时期俄国生活的总体黯淡。英国人会发现，假如每天早晚在他们面前出演的那种迷人的戏剧被取消的话，几乎想象不出有什么可以弥补。源源不断的公共讨论、大量的公共事件、一群公共人物，构成了引人注目的景观。尽管如此，在我们国家，过度沉溺于无疑已成为头脑发热的激情，正变得很危险。因为在今天，吸引那些民众的演出的剧情几乎总是取决于一些立法议案的成功。英国议会正如曾说过的那样，在 50 年前未受边沁及其信徒影响的时候，是很少立法的。然而，从第一个改革法案开始①，立法的数量一直在增加，而这在很大程度上归因于对一种令人尊敬的宪法形式——每届会期开始时的国王演说——的未预料到的操作。从前，说话的是国王，现在说话的则是内阁，而内阁是支持它的政党的机关。两大政党的工作很快就变成了在立法文本的长度方面互相加码，而这正是它们在历次国王演讲中自己做了保证的。

　　把政治看作一种非常有趣的游戏，一场在蓝方和黄方之间永不停止的板球比赛，这无疑是危险的。然而，当不断累积的赌注成了一些立法议案，而这个国家的整个未来又得在它们上面冒风险时，这样的做法就更加危险了。同时，在修订宪法的法案所遵循的程序与普通立法所遵循的程序没有任何不同，或者并不比它更严格的这样一种宪法体制下，危险便特别大。无论是经验还是概率，都没有给如下看法提供任何依据，即存在

---

　　① 即 1832 年英国议会通过的关于扩大选民基础的改革法案。

着无限多既安全又有益的立法革新。相反，这样的推断才更可靠：改革的可能性受到严格的限制。有人说，热的可能性达到摄氏温度计的 2000 度，冷的可能性可达零下约 300 摄氏度，但世界上所有的有机生命都是在温度范围刚巧处于最高摄氏 120 度和最低零下摄氏几十度之间时才是有可能的。据我们所知，人类社会结构中的立法变革也可能具有类似的严格限制。我们不能说，因为一些过去的改革已经成功了，所有的改革就都会成功，正如我们不能说，因为人体能够忍受一定量的热度，它就能忍受无限量的热度一样。

然而，在英国人的历史上，特别是在他们最近的历史中，有许多巧合。它们使英国人在沉溺于政治娱乐时，特别是在把自己划分成两方并在立法革新方面相竞争时，不能认识到审慎的必要性。作为一个民族的我们，完全没有意识到从本世纪开始降临在我们身上的那种特别好的运气。外国评论家（可能直到不久前）还常常就此做详细的论述，而英国人通常并没有注意到这一点，或者（也许）背地里相信这是他们应得的。事实的真相是，从这个世纪开始，我们一直在史无前例地获胜和繁荣。我们在欧洲从未输掉过一场战争或丢失过一平方英里的疆土；我们在对外政治中从未迈出过毁灭性的一步；我们在立法方面从未犯过无法弥补的错误。如果我们比较自己的历史和最近法国的历史，那么在我们的历史中，并不存在像色当那样的不幸事件，或者阿尔萨斯-洛林那样的领土丧失①；不存在就西班牙空

150

151

---

① 1870 年 9 月，法国在色当战役中战败，次年阿尔萨斯和洛林被割让给普鲁士。

缺的王位而与德国进行的那种不必要的争吵①；也不存在颁布于
1850 年 5 月的那种法律②——它通过改变选举权而给了共和国的
主要敌人一直在等待的机会。然而，如果我们使此类灾难发生
的几率增加，那么它们就有可能甚至很有可能会发生。否认这
一点是无用的：既然我们自身对政治刺激的渴望每天都在增加，
迈出非常错误的一步的可能性也会增加。

　　我也不认为否认下述这几点是有可能的：大众政府的活动
越来越倾向于在立法中展现它自己，立法的素材因为政党的竞
争而得到源源不断的供应，作为一群观众的共同体成员在观看
大众政府的各种活动方面具有浓厚兴趣。正是由于这几点，我
们的时代被普遍看作一个进步时代的那种印象还会无限期持续
下去。然而，这种印象或信念还有其他原因，这些原因更为模
糊，也更不容易向普通的英国政治家说明。在这些原因的前面，
有一组话语、措辞、格言和总命题，它们所源于的那些政治理
152　论事实上并没有因为时间隔得久而远离我们，却被大多数人忘
记了，就好像它们属于遥远的古代。进步的英国政治家带着骄
傲的神气宣布自己是激进派（Radical），而实际上不只是激进派。
人们如何才能使他相信，他所用以称呼自己的名字本来可能是
他未必有勇气接受的呢？这个名字曾是那样地声名狼藉，如果
杰里米·边沁没有通过把它与某种立法和政治理论相联而给它
以尊重的话。当他谈到"主权人民"的时候，人们如何才能使他

---

①　1701 年至 1714 年，由于西班牙哈布斯堡王朝绝嗣，法国的波旁王室与奥地利
（当时仍属神圣罗马帝国）的哈布斯堡王室为争夺西班牙王位而引发了一场大战，史称
西班牙王位继承战争。

②　指 1850 年 5 月通过的法国《选举法》。

相信，如果在 1762 年一位法国哲学家没有写出一篇论述社会起源、国家形成和政府性质的纯理论文章①的话，他使用的这样一种词语的结合是不可能出现在他脑海里的呢？卢梭的理论是从人的自然权利假定开始的，边沁的理论建立在假想的最大幸福原则（Greatest Happiness principle）基础上，这两种理论中的任何一种在今天都显然没有被很多人所信奉。人的自然权利的确已出现在最近的政治话语中，它产生的影响就像一位天文学讲师宣布自己相信托勒密②的球状天体（Ptolemaic spheres）并要求他的听众赞美它们的音乐③一样。但是，在上述两种理论中，承认自然权利的卢梭的理论被遗忘得最为彻底。因为应用它的尝试已导致了可怕的灾难④，而边沁的理论目前所导致的只不过是失望罢了。那么，这些完全被推翻了的或部分被推翻了的猜想，为何仍然会对政治思想产生最真切和实际的影响呢？事实是，政治理论具有边疆民谣（Border-ballad）⑤中的英雄所拥有的那种能力。如果它们的腿被打坏，它们就依靠其残余部分来战斗。政治理论制造了许多话语及与那些话语相联的观念，这些话语及观念在其所源自的那种猜想破损或死亡之后，仍然有活力且能够战斗。它们死后的影响常常很好地拓展到了政治的领域之

153

---

① 指卢梭的《社会契约论》。
② 托勒密（Ptolemy，100—170），希腊-埃及地理学家、天文学家、数学家，"地心说"的创立者，他认为世界是一个球体，在其中各行星都绕着一个较小的圆周上运动，而每个圆的圆心则在以地球为中心的圆周上运动。
③ "天体音乐"指的是行星运转而产生的人类无法听到的一种音乐。古希腊的毕达哥拉斯曾说，天上众星运行之时，能够产生和谐美妙的"天体音乐"，柏拉图则在《天体音乐》的美妙神话中将这一构想用诗歌的形式表达出来。
④ 指法国大革命。
⑤ 指在英格兰和苏格兰交界的地区所收集的民谣，大多创作于 15 世纪以后，其中有些民谣叙述的是冒险体裁的故事，如侠盗罗宾汉的故事。

外。在我看来，认为上一代的一个伟大的小说家的观念可以追溯到边沁，而另一个伟大的小说家的观念可以追溯到卢梭，这并非是一种不真实的推断。在成年早期，狄更斯身边是那些1832年受过边沁学派教导的政治家，而他写的小说中没有一本不是攻击陋习的。衡平法院（Court of Chancery）和宗教法庭（Ecclesiastical Courts）的程序、政府机关的拖沓、离婚的高昂代价、穷人的住所状况、英格兰北部廉价学校的环境，都给他提供了他似乎真心实意认为的一系列小说的真正寓意。萨克雷的观点与卢梭的那些观念很相像。密尔对此的评论是很公道的：卢梭对自然和自然状态的关注，部分地可以被解释为是对文明和进步的过度赞美的一种反应，而文明和进步在18世纪初曾令受过教育的人着迷。无论如何，从理论上讲，萨克雷讨厌文明的矫揉造作，他最喜欢的一些人身上具有卢梭的自然人的特质。这种特质就好像是自然人被卷入现实生活中会展现出的那些东西一样，也就是凶暴的恶棍会展现出的某些东西。

源于法国的政治理论和源于英国的政治理论仍在对政治产生影响，我认为这是确定无疑的，就像思想史上别的什么东西是确定无疑的一样。考察这些理论是必要的，因为要揭示它们借以起作用的手段、派生的话语和派生的观念的真正价值，没有别的方式。我将先考察著名的卢梭的宪政理论，它在这个国家长期以来都是不为人所熟悉的，或者说是不被人相信的，但却是许多观念的源头，而这些观念在我们当中突然变得流行和有影响了。想要清楚地说明卢梭的宪政理论非常困难，而其原因是所有曾关注过这个提出了它的杰出人物的人都知道的。这种哲学明显混淆了所是（what is）和所应当是（what ought to be），亦即混淆了事实上发生了什么和在某些条件下会发生什么，而像这样的混淆在非科学的现代思想的所有角落里都可以感知得到。《社会契约论》提出了引起我注意的政治理论，它初看上去给出的是对人类从自然状态中出现的一种历史解释。但是，很难确切地说清，它是否意指人类实际以这样一种方式出现，作者是否相信只有人类中很幸运且很有限的一部分人拥有这种经验，他是否相信自然——一个仁慈的女性立法者——想要让所有人都拥有这种经验，但她失败了。卢梭的语言有时表明，他知道他关于早期社会形成的描述会被看作虚构的①；但是，尽管如此，作者对它们的论述是那样准确、详细和逻辑严密，要说他不打算用这种论述表述现实，是相当不可信的。这个著名的理论可简要叙述如下。卢梭在《社会契约论》中是以人类最初处于自然状态的主张开始的，而他在更早的著作②中有力地强调了人类因丧失其自然权利而遭受的不便。只要人类仍处于此状态，那么人类首先就是自由的。但是，随时间推移，终于到了这样一个时刻，人类停留在自然状态的障碍变得无法克服。然后，

① "这种变化是怎么发生的？我不知道。"——《社会契约论》，第1章。卢梭对他那一代人及下一代人的那种极大的影响源自他们当中散布很广的一种信念，即他对自然的和早期的政治社会的说明是完全正确的，对此我本人是没有疑问的。在帕斯卡的《思想录》（Ⅲ.8）中有一个引人注目的段落，它描述了当把一种既有的制度与国家的一些被认为"基本的和原初的法律"做比较时可能产生的那种强有力的革命性的结果。这种观点显然可以通过投石党运动（投石党运动发生于1648年，是由巴黎最高法院领导的，旨在反对枢机主教黎塞留和马萨林破坏法国的古老法统，运动参加者认为国王的权力是有限的，要受到所谓王国"基本法"的制约。——译者注）而得到说明。巴黎的最高法院坚定地相信法国"基本的和原初的法律"，而一个世纪之后，卢梭的门徒对自然状态和社会契约也有相同的信念。——原注
② 指《论人类不平等的起源与基础》等。

人类缔结了社会契约，根据它建立了国家、社会或共同体。他们对制定此项契约的赞同必须是一致的，但实现它的结果是每一个人把自己的身体和所有的权利完全转让或放弃给了集体的共同体。① 接着，共同体成为主权者，即真正的和最早的"主权人民"，是一位独裁的主权者。它应当在其臣民当中维护自由和平等，只是因为一个人对另一个人的臣属是国家力量的一种丧失，而且没有平等就不可能有自由。② 集体的专制者不能够分割、转让或委托他的权力。政府是集体的专制者的仆人，而且只是主权者和人民之间的沟通机关。人民的代表是不被允许的。卢梭痛恨代议制，但整个共同体要定期举行集会，并且有两个问题将被提交给他们：主权者是否愿意保留现有的政府形式；以及主权者是否愿意把事务的管理权交给现在管理着它的那些人。③ 共同体的独裁以及其权力的不可分割、永久和不能转让的性质在《社会契约论》的每个部分及每种形式的话语中都得到了强调。

　　卢梭思想的各个部分可以在更早的一些作家的观点中找到——总括性的理论（sweeping theories）几乎都是这样。其中有个部分可以在一个世纪前霍布斯的著作中找到，另一个部分可以在大致同时代的法国经济学家流派④的著作中发现。但是当他把这个理论归纳出来后，它就因为他而获得了特别大的影响力。

157
158

---

① "社会公约可以简化为如下的词句：我们每个人都以其自身及其全部的力量共同置于公意的最高指导之下，并且我们在共同体中接纳每一个成员作为全体之不可分割的一部分。"*Contrat Social*，c. i. 6.（译文引自卢梭：《社会契约论》，何兆武译，商务印书馆1980年版，第24—25页。——译者注）——原注
② *Contrat Social*，ii. 11.——原注
③ *Contrat Social*，iii. 18. 在这种情况下，做出决定的将是多数人。卢梭对进入社会契约的要求是一致同意，但其他情况下则不需要一致同意。——原注
④ 指18世纪50至70年代的法国重农学派，它以自然秩序为最高信条。

卢梭的理论无疑是许多措辞和相关联观念的源头——它们在很久之后仍流行于法国和欧洲大陆，且随着这个国家宪法中民主要素的增多，它也正开始对这个国家产生重大的影响。从这个源头，产生了人民（首字母大写的 People），"主权人民"，作为所有合法权力唯一来源的人民。从这个源头，产生了一切政府不只对选民而且也对模糊界定的外在于它们的民众的服从，或者对更模糊的观点多变的主人的服从。由此形成了对近似于民主的那些政府的合法性的限制。卢梭留给了我们一个非常可怕的观念，即起源于自然权利的无所不能的民主国家（omnipotent democratic State）的观念。这样的国家完全可以随意支配个人所看重的一切东西——他们的财产、他们的身体、他们的独立性；这样的国家既不尊重先例，也不尊重习俗；这样的国家可以对其臣民立法而规定他们应当吃什么喝什么，以及应当怎样花他们的钱；这样的国家可以征用共同体的所有土地，如果对人类动机的影响是可以预期的，那么当古老的那种辛苦工作的刺激已消失时，它还可以强迫我们在土地上劳动。这种政治思辨使我们到处都受到了其微弱的和间接的影响，虽然它是所有思辨中最无根据的。这种政治思辨所借以开始的自然状况是想象出来的，只是虚构出的事物。自然状态不过是一场梦，而只要任何人去调查原始人类社会的性质，所有调查都会使此梦消散。卢梭假定的人类共同体的形成过程，或者他无论如何想要我们认为的它们的形成过程，也是一种空想。就人类社会成长的方式而言，没有什么一般命题（general assertion）是可靠的，但所有的命题中最可靠的或许就是：没有一个人类社会是以卢梭想象出

159

的那种方式形成的。这个理论的一些部分与事实之间的真实关系是非常有启发性的。卢梭思想的一些部分可以在他同时代的思想氛围中发现。"自然法"和"自然权利"，严格说是属于一种法学理论而非政治理论的措辞，它起源于罗马的法学家，对法国的法学家有很大吸引力。《社会契约论》中专制的主权者、全能的共同体，是法国国王倒置后的复制品。法国国王被他的朝臣和更有教养的法学家声称拥有一种权威，但这个国家所有最聪明的人，特别是法国最高法院中那些伟大的人物，都否认他拥有此种权威。无所不能的民主政府就是国王-主人（King-Proprietor），是所有人的财富和身体的支配者；但它是被倒置的法国国王。另外，主权共同体通过社会契约而吸收的自然权利，只不过是披上了新装的先前的国王神圣权利。至于卢梭对代议制的厌恶，他对整个共同体应当定期集会以行使其主权的要求，以及他在《社会契约论》中的语言，都表明他是通过古代部落民主制的例子而被引向这些观点的。但是，后来他宣称他心里已有了日内瓦的宪法①；而且他必定知道他所提出的那种统治的方式②，仍然存在于瑞士的一些最古老的州中。

对集体的共同体通过代表来行使其主权者能力和全部权力的拒绝是那样强烈，正如对卢梭理论的实际应用的禁止是那样强烈一样明显。事实上，卢梭清楚地说过③他的原则只适用于小

---

① *Lettres écrites de la Montagne*, part i. letter 6，p. 328. ——原注
② 指源于 13 世纪的"露天议会"（又称"广场集会"）。当时瑞士一些州在广场上召开集会，由公民举手直接选举州长、州政府成员和决定州的法律等重要问题，至今这种形式仍存在于一些小州。
③ *Contrat Social*，iii. 15. ——原注

的共同体，与此同时，他暗示这些原则可以通过一种邦联体制
而适用于拥有大片领土的国家。我们可以猜想，一种观点从这
一暗示中萌芽，即可以通过把大的共同体拆分成小的自治社区
而使自由得到最好的保障。这种观点已经成了现代欧洲大陆激
进主义的信仰的一个部分。但在上世纪末，这样一种学说还不
成熟。第一次赋予卢梭的主张以真正活力的是西耶斯(Siéyès)的
小册子《第三等级是什么?》，它在法国大革命初期的各阶段曾有
很大的影响。但即使是这本小册子第一页的那段著名的文字①也
常常被错误地引用——在它之后的那些文字可能总是没有人仔
细地阅读过，人们可能没有注意到它大部分②只是对卢梭理论的
模仿。不过，西耶斯对这个理论的模仿是与众不同的。他所提
出的最重要的主张是三个等级应坐在一起成立国民议会，而他
成功地实现了这一点。西耶斯得出这个结论的论据，基本上就
是《社会契约论》中的论据。像卢梭一样，西耶斯认为人类是从
自然状态中开始的；他们通过一个社会契约而进入社会，根据
这个契约形成了一个全能的共同体。但是，西耶斯不像卢梭一
样反对代议制，那事实上是他毕生思考中特别喜爱的一个主题。
他允许共同体通过代议制而对其权力做出重要的、预先的授权
委托。由此就形成了某种类型的代议机构，而未来的法国国民

161

162

---

　　①　第一页的那段文字如下："1. 第三等级是什么? 是一切。2. 迄今为止，第三等
级在政治秩序中的地位是什么? 什么也不是。3. 第三等级要求什么? 要求取得某种地
位。"(译文引自西耶斯:《论特权 第三等级是什么?》，冯棠译，商务印书馆1990年版，
第19页。——译者注)它被艾利森错误地引用了，Alison, *History of Europe during the
French Revolution*, vol. i, c. iii, p. 453。——原注
　　②　他的观点构成了篇幅很长的第5章。我手头的是该书的第三版，出版于1789
年。——原注

议会就属于这种类型。西耶斯认为这种代议机构是特别的（extraordinary），并把它们描述成好像处于自然状态中的人一样在行使它们的意志，好像它们代表着国民且不会受到任何特定的决策或立法程序的束缚一样。另一方面，普通的（ordinary）代议机构是这样的立法机关，它们的权力源于特别的议会所制定的一部宪法，并严格地限定在这些权力的行使上。特别的议会因此是卢梭的主权共同体，普通的议会则是他的政府。属于第一类的是那些专制的机构，它们在国民议会（National Assembly）或国民公会（Convention）的名义下四次统治法国，但从来没有成功过，有时还招致不幸。属于第二类的是常常被革命所推翻的立法议会（Legislative Assemblies）和众议院（Chambers of Deputies）。①

另一种理论起源于英国，以杰里米·边沁为创始人，而从该理论中又产生了目前在我们当中流传的许多政治措辞和政治观念。对于这些措辞和观念的流传，它的贡献在当前要小于可追溯至《社会契约论》的那种来源于法国的理论，但它曾一度贡献更大。必须注意和牢记在心的是，在边沁漫长生命的早期和更重要的部分里，他不是一个宪法的改革家，而是法律的改革家。在英国人当中，他第一个清楚地看出了国家的立法权力如何能够被用于重新整理和重建民法学——在以前它被非常谨慎地用于此目的的，并使它顺应国家的目标。他是在完全绝望中成

---

① 以第一类机构作为立法机构的时期是 1789 年、1792—1795 年、1848—1849 年，1849—1832 年；以第二类机构作为立法机构的时期是 1791—1792 年、1814—1815 年、1815—1830 年、1830—1848 年、1871—1940 年。1946 年以来的法兰西第四共和国和第五共和国的立法机构都叫作 National Assembly。

为一个激进改革家的①，而"激进改革家"这个措辞正如我先前
说过的那样，被他赋予了新的受人尊重的特性。在边沁那个时
代，英国宪法无疑已对许多部分做出了改进，但他对立法改革
的迟滞缺乏耐心，他把英国宪法固有的缺点归因于对议会议事
的阻挠，而这种阻挠主要可归因于对某些原则的厌恶而在所有
国民脑海中产生的影响，这些原则是他自己都强烈谴责的，它
们给法国带来了恐怖的统治，给整个大陆带来了拿破仑·波拿
巴的军事专制。表面上看，边沁在一系列小册子中所拥护的那
种理想的政治制度与卢梭和西耶斯主张的一点也不像。他所拥
护的是一院制的民主：一个全能的代表大会，拥有理论上不受
限制的权力，但它的行动得到了由从属机构所组成的一部陌生
而又复杂的机器的帮助和指导。② 他的计划和那位法国理论家的
计划的区别存在于他们的哲学依据中。卢梭的体制建立在假想
的人的自然权利基础上，借此基础它越来越多地而不是越来越
少地赢得了那些意志薄弱的和受教导更少的人的心。但边沁完
全否定了那些自然权利，并指责自然权利的观念是荒谬的和无
政府主义的。在他人生的第一阶段或曰"立法改革时期"——一
直持续到他 60 多岁，他坚定地抓住"最大多数人的最大幸福"
（这一表述是从贝卡里亚③那找到的）作为立法改革的恰当标准。
但在注意到法律与道德的密切联系后，他更大胆地尝试用同一

164

---

①　对他的议会改革计划的介绍，请参见 *Works*，iii. 436。——原注

②　*Constitutional Code*，*Works*，ix. 1.——原注

③　贝卡里亚（Beccaria，1738—1794），意大利法学家，刑事古典学派创始人。他认
为法律应代表人民的公意，即各个人意志的总和，其目的在于谋求最大多数人的最大
幸福。

原则去改革道德观念，并且通过某种立法强迫人们按照他的标准来思考、感觉和行动。随着那场大战的进行，边沁的试验变得越来越不合时宜，最后他自己宣布改革的事业在滑铁卢战役后失败了。然后他开始抨击英国宪法，并发表了他关于从底部到顶部重建它的建议。当被该建议置于掌权者位置的那些阶级拒绝承认或推进最大多数人的最大幸福时，他提出要撤换他们，并把一切政治权威转交给最大多数人。他认为这些人必然遵从他的标准：每个人、每一定数量的人都追寻自身的幸福，而拥有立法权力的最大多数人必定会为自己的幸福而立法。这种论证对边沁那个时代的一些最有权势和才智的人产生了很大的影响。他的门徒格罗特、两个密尔①、摩勒斯沃斯②、两个奥斯丁③及罗巴克④的确做了很多事情去改革英国的宪法。不过，他们中的一些人活得足够久并因为其结果而不再着迷于它了⑤；况且我在以前的一篇文章中已尽力说明，这些结果中有许多是边沁自己也难以接受的。事实上，在他的论证中存在一个严重的

165

---

①　指约翰·斯图亚特·密尔及其父亲詹姆斯·密尔。

②　指威廉·摩勒斯沃斯（William Molesworth，1810—1855），英国政治家，曾在1832 年围绕《改革法案》的争论中支持力主改革的首相格雷。

③　可能指约翰·奥斯丁和他的夫人莎拉·奥斯丁（原名 Sarah Taylor，1793—1867，英国作家）。

④　约翰·阿瑟·罗巴克（John Arthur Roebuck，1802—1879），英国政治家，曾在1835 年与摩勒斯沃斯联合创办《伦敦评论》，作为哲学激进派的机关。

⑤　我从约翰·奥斯丁的《为宪法一辩》的序言中引了后面这段话："在接下来的这篇论文中，我提出了现在还不受欢迎的观点，它可能使我受到一些谩骂，可是我清楚地记得当初（那时我是一个激进分子），所谓的自由主义观点也曾使少数信奉它们的人在政治上和社会中遭到放逐，而这些观点现在却居于支配地位。我曾说过，大多数工人阶级仍不应当获得政治权力。我这样说是因为我也这样认为。我不是伟人和富人的崇拜者，对他们的生活方式也没有幻想。就出身及我最强烈的同情心来说，我是人民中的一员，而且我从未有一刻想过要从我所占据的那个普通的位置向上攀爬。"——原注

薄弱环节。对于作为一种立法标准的"最大多数人的最大幸福"，　166
人们很难说出反对它的理由，而且一旦要立法权力发挥作用时，
事实上它也是立法权力可能遵从的唯一标准。无法设想，有任
何立法者会认真地提出或通过旨在减少大多数公民幸福的议案。
但是，当为了推进这个大多数人自身的利益而要求他们来实施
统治时，如下一点就马上变得很明显了：即便不考虑大多数人
得出任何结论的极大困难，也无法确保这些人知道他们自身的
幸福是什么，以及怎样才能促进它。在这一点上，必须承认，
卢梭证明了他自己比边沁更聪明。他争辩说整个共同体应当是
主权者，它应当有充分的权力来行使它的主权，因为这些是它
的自然权利。但是，虽然他争辩说它应当是全能的(all-power-
ful)，他却并不认为它是全智的(all-wise)，因为他知道它不是。
他说，人民总是怀着好意，但并非总能做出很好的判断。

> 盲目的群氓往往不太知道什么东西对于自己好，他们
> 怎么能亲自来执行像立法体系这样一桩既重大又困难的事
> 业呢？人民永远希望自己幸福，但是人民自己却并不能永
> 远都看得出什么是幸福。公意永远是正确的，但那指导　167
> 着公意的判断却并不永远都是明智的。①

这样的疑虑使卢梭几乎不相信其理想民主在明智立法方面
的实际可能性。他似乎认为，在人民行使主权权力的过程中，
能够恰当地指导他们的那位立法者只会间或出现，而且必然在

---

① *Contrat Social*, ii. 6(译文采自卢梭：《社会契约论》，何兆武译，商务印书馆
1980 年版，第 52 页，第一句做了轻微改动。——译者注)，这章的后一部分充满了解
决实际问题的智慧。——原注

事实上是半神圣的。与这些观念相联，他做出了一个预测，而这个预测对其名声的贡献几乎和他的任何社会论断和政治论断对其名声的贡献一样多。在他那个时代，科西嘉人为独立进行的英勇斗争激起了普遍的关注和同情，他也关注和同情他们，并说服自己相信理想的立法者最有可能出现在科西嘉。"我有一种预感，"他写道，"有一天，这个小岛会震惊欧洲。"卢梭曾多次做出这一预言，这意味着他预见到七年之后一位军事天才在科西嘉的诞生，而法国的民法典将以此人的名字命名。①

卢梭和边沁的这两种政治理论对目前在欧洲掌权的那些阶级的智力储备贡献很大，对于它们还应当再补充一点，虽然可能初看上去并不明显。这两种理论从其源头来看不是关于宪法改革的理论，而是关于法律改革的理论。这个命题就边沁来说不必要再给新的证据。但它对卢梭来说也是正确的。自然、自然法和自然权利的概念促成并形塑了他的政治主张，而它们首先是在罗马法学家的语言中找出的。这些杰出人士是否曾经相信过自然状态是事实，这是很值得怀疑的，但他们似乎认为，在古代法的所有那些反复无常的技术性细则之下，存在着一个简单的和均衡的规则体系，而这些规则从某种意义上讲是自然的规则。他们的自然法出于实用目的是简单的或简化的法律。罗马法学家的自然法观点及其所带有的哲学上的缺陷，导致了罗马帝国和现代欧洲对法律的过度简化，并且事实上在边沁的体系之前它是法律改革的主要来源，而边沁的体系从其表现来

---

① 拿破仑 1769 年出生于科西嘉，他在 1800 年主持制定了《法国民法典》，又称《拿破仑法典》，这是资产阶级的第一部民法典，对后来很多资本主义国家的立法产生了很大影响。

看也是以法律的简化为目标的。但毫无疑问，产生自法律改革理论的这两种源于法国和英国的政治理论，针对的正是法律改革理论的严重缺陷。假定你能成功地根据某些原则来改革法律体系，也就能根据同样的原则来改革宪法——这种推论明显是不可靠的。首先，民法的简化（清除其无用的形式、细节、模糊之处和不合逻辑的地方）不完全是一个有益的过程。它可能在事实上导致失望。边沁认为，如果法律根据他的原则来改革，那么诉讼将会是简单的、花费不多的和快捷的，然而，现在他的几乎所有提议都已被采纳了，清除法律的困难似乎使事实问题的困难更为明显了。但是，虽然法律的这种简化可能导致失望，但它不太可能导致危险。政治制度的简化会直接导致绝对主义，这种绝对主义不是一个职业法官的绝对主义，而是一个人的或力争像一个人那样去行动的多数人的绝对主义。对自己隐瞒这一点是无用的。在政治制度的简化过程中被清除的不合逻辑的地方，可能在事实上是帮助支撑政府的沉重负担的支撑物，或者是减轻独裁者不可否认的错误后果的制衡手段。此外，法律改革中出错并不紧要。它主要影响的是一部分人，他们的冤情（grievances）——我可以说这是边沁强调得过多的一个概念——在真正"打官司"的群体中占一小部分。如果出了错，它可以相对容易地得到纠正。但是，宪法革新中的一个过错直接影响整个共同体及其每个部分。它可能使公共生活或私人生活充满灾难和毁灭。同时，纠正它几乎是不可能的。我们实际上想当然地认为，所有的宪法改革都是最终的且必须接受它们的任何结果。这个假定无疑产生自一个普遍的信念：在这些问题上，我

169

170

们是被一种不可抗拒的力量推动着走上了一条明确的道路，它通往不可避免的终点——民主，正如通往死亡一样。

如果我极力主张的这些意见有说服力的话，那么我们现有的认为自己正在经历进步时代的观念将迫切需要做很多修正。特别是在很重要的某一点上，它们必须被完全推翻。人类的自然状态（如果"自然"一词被那样使用的话）不是进步的状态。它不是一种易变的状态，而是一种不变的状态。社会的不流动是常规，而它的流动是例外。对变革的容忍和对其优点的信念，仍只限于人类中的极少一部分，甚至这一部分人也是非常现代的。他们一百多年前才出现在欧洲大陆，而在英国出现的时间只有五十多年。当他们出现时，他们所构想的那种变革是一种非常特殊的类型，只是政治的变革。这个过程对英国人来说是很熟悉的。一群人（常常是少数人）引起了共同体中居于统治地位的部分的注意，并说服了它强迫整个共同体遵从他们的思想。对这个过程的普遍服从无疑是存在的，甚至那些不喜欢它的人也觉得它会走得很远。但如果考察这种情感状态的原因，它们似乎只在很小的程度上来自知识的确信，而在很大的程度上产生自话语和观念的微弱影响，而话语和观念又源于衰败的政治理论。如果这是事实，或者接近事实，那么它说明了一些非常简单的和明显的推论。如果现代社会基本上和一般说来不是易变的，那么通过不寻常的和例外的变革过程来安全引导它的尝试就不是容易的，而是相当困难的。对一个人来说，容易的事情是经长期继承得来的经验所传给他的，就像步行或运用他的手指，困难的事情是那种经验没有给他多少指导或根本没有给过他指导的，就像骑车或滑冰。达尔文的法则"小的变化有益于生物体"很可能对人类共同体也是有效的，而一种突然的大规模政治改革却不断地使共同体处在了这样一个人的位置——他只依据自己对骑马行为的观察就爬上了一匹马。

我冒昧相信的这些结论都是常识性的结论，它们非常有助于解释一系列初看上去不是很能被理解的事实。历史的宪法是通过经验的累积而逐渐形成的宪法，它们看上去具有相对于先验的宪法的优点，而后者建立在远离经验的推测和假定基础上，那么原因是什么呢？这种优点的存在是几乎任何一位受过教育的英国人都不会否认的。对保守党人来说，这当然是自明之理，但居于其相反一端①的少数杰出人物有时也遵从这样的观念，特别是在上面提到的后一种类型的某些宪法遭受了彻底失败的时候更是如此。在上个世纪，没有多少人能从埃德蒙·柏克②先前的观点中，推测出其政治信条的真正基础或者真的对它有所察觉，直到它被法国革命制度早期的和相对轻微的失败所揭示出。在我看来，把《1770年论当前之不满情绪的根源》和《1774年论课税于美国的演讲》③与1790年对英国宪法的下述宏伟颂词区分开往往就能使人醒悟。

> 我们的政治体制是被置于与世界秩序，并与一个由各个短暂部分组成的永恒体所注定的生存方式相符合并且相

①　指自由党人。
②　柏克是辉格党（自由党前身）人，一方面他支持美国独立，是古典自由主义的代表；另一方面他在晚年反对法国大革命，且被公认为保守主义创始人。他与支持法国革命的"新辉格党人"相对而为"老辉格党人"。
③　柏克的这两篇论文收录在其《美洲三书》中，可参见该书中译本（缪哲选译，商务印书馆2003年版）。

173 对称的状态。在这里，由于一种巨大智慧的安排，人类的伟大神秘的结合一旦铸成为一个整体，它便永远既无老年，也无中年或青年，而是处于一种不变的永恒状态，经历着永远的衰落、沦亡、新生与进步的不同进程而在前进着。因而，在国家的行为中，在我们所改进的事物中，由于保持着自然的方法，我们就永远都不是全新的；在我们所保存的事物之中，我们永远也不会过时。①

此外，当法国建立先验宪法的一次新试验在整个欧洲大陆散播混乱之时，麦考莱刚巧要结束他对 1688 年光荣革命的解释。这一事件曾产生了独享其赞誉的那个政党，而他对此的描述几乎要使该党成员失去他为他们所认领的"革命辉格党人"的历史名声了。

> 由于我们的革命是对古代权利的一种证明，因此它是以对古代仪式的严格注意来进行的。在几乎每一句话和每一行动中，都可以察觉到对过往的深切崇敬。各国民等级（Estates of the Realm）在旧式大厅里根据古老的原则进行协商。……现在的演说与其他每个国家革命时的演说相比几乎是可笑的。英国的两党都同意以最庄重的敬意来对待国家古老的宪法传统。唯一的问题在于，这些传统应当怎样来理解。自由的维护者没有谈论人的自然平等或人民不可剥夺的主权，也没有谈论阿尔莫迪乌斯（Harmodius）和泰摩

174

---

① Burke, *Reflections on the Revolution in France*, vol. v. of *Works*, p. 70.（译文引自柏克：《法国革命论》，何兆武等译，商务印书馆 1998 年版，第 44—45 页。——译者注）——原注

利昂(Timoleon)，或者年长的布鲁图斯和年青的布鲁图斯。① 当他们被告知宣布废黜君王没有先例的时候，他们从近三百年前的伦敦塔档案中拿出了一卷羊皮纸，上面以奇怪的字体和不规范的拉丁语标明，各国民等级曾宣布废黜一位背信弃义和残暴的金雀花王朝(Plantagenet)的国王。② 当这场争论最后尘埃落定时，新的国王们又被以旧的虚饰来称颂了。所有美好而壮观的仪式都保留着：克拉伦斯和诺罗伊(Clarencieux and Norroy)③、升降闸门和赤龙(Rouge Dragon)④、喇叭、国旗，以及绣有狮子和百合花图案的奇形怪状的船只。由克雷西之战获胜者所使用的法国国王的称号也并没有在国王的头衔中被遗漏掉。⑤ 对于生活在1848年的我们来说，前述行动伴随着那样多的深思熟虑，那样多的庄重，和对习惯礼节那样细致的注意，以至于用革命这个可怕的名字称呼它几乎就是措辞的一种滥用。⑥

---

① 阿尔莫迪乌斯是公元前6世纪的雅典人，曾与阿里斯托吉通合力杀死暴君伊巴尔克。泰摩利昂是希腊政治家和将军，曾因默许杀害自己兄弟而被人民视为爱国。老布鲁图斯指马可斯·布鲁图斯(Marcus Brutus)，小布鲁图斯指狄西摩斯·布鲁图斯(Decimus Brutus)，两人都是罗马共和国晚期的政治家且都曾参与谋杀恺撒。

② 金雀花王朝是12至14世纪统治英国的封建王朝，1399年理查二世(1377—1399在位)被兰开斯特家族的亨利废黜，金雀花王朝到此结束；1688年"光荣革命"中，时任国王詹姆斯二世也被废黜。

③ 皆为纹章官名，克拉伦斯纹章官是管辖特伦特河以南和英格兰部分省的纹章院长官，诺罗伊纹章官是管辖特伦特河以北的纹章院长官。

④ 英国纹章院四属官之一，其纹章为亨利七世赤龙。

⑤ 克雷西之战发生于1343年，是英法百年战争中的一次经典战役，当时英王爱德华三世率军一万人渡海侵入法国，靠着武器装备和战术上的优势取得了胜利。其中，爱德华三世是法国卡佩王朝最后一代国王查理四世的外甥，他对腓力六世继承法国国王位不满，因此于1337正式自称为法国国王，而此后直到1801年，每位英国国王也都自称是法国国王。

⑥ Macaulay, *History of England*, chap. x. ; *Works*, ii. 395, 396.——原注

从历史事实看，无论是柏克的说辞，还是麦考莱的说辞，都不是不公正的。一位现代作家①曾声称自本世纪开始已出现了350 部宪法，我不打算在它们当中权衡成功或失败，但如果在上个世纪末先验宪法第一次出现时，我们接受的是我们由来已久的立场，那么我们会发现这一点是确定无疑：在所有的历史宪法中，不存在像另一种类型的宪法那样显著而可怕的失败。过去曾有过压迫性的历史宪法；曾有过错误地阻碍发展道路的宪法，但这些宪法都不像法国的那三部宪法一样有灾难性的进程和结果，这三部宪法即 1791 年的准君主制宪法、1793 年的共和制宪法和 1795 年的共和-督政府制(Republican-Directorial)宪法，而它们都显示出自己的特色是以《人权宣言》作为开始。任何一部历史宪法也都没有经历像法国 1799 年 12 月宪法那样可笑的命运，出自西耶斯之手的它是一种平衡权力的奇迹，只要一点点变换就成为纯粹专制的宪章。② 不过，如果人性在使自己适应新环境方面的能力总是非常有限，且通常又不太喜欢去适应新环境的话，那么所有这些都是极易理解的。它所能做的至多是选择其经验中的某些部分，并把它们试验性地应用于这些环境，而这一过程总是令人窘迫的和常常是危险的。当一位英国旅行家被好客的中国主人强迫用筷子吃晚餐时，他会处在一种令人不愉快的位置上，而一个拥有新的先验政治宪法的共同体充其

---

① Lieber, *Civil Liberty and Self-government*, Introduction.——原注
② 法国 1799 年宪法是拿破仑军事政变后为确立自身合法统治地位而授意西耶斯主持制定的宪法，该宪法设立了三名执政官和四院制的议会，其中元老院还有审查法案是否违宪的权力，不过它在事实上是确立拿破仑个人独裁的一部宪法，作为第一执政的他几乎拥有绝对的权力。

量也就处在那样的位置上。假如现实中体验到的新制度格外的多，这种不方便马上就会变得危险了。在那种情况下，政治的身体（body-politic）①就像自然的身体（body-natural）被运送到了新的气候区一样，面对着不习惯的食物和陌生的环境。有时它会完全灭亡。有时它的组织中最料想不到的部分发展了自己却损害了其他部分。当足智多谋的立法者期望产生一个由能够克己奉献和情感丰富的爱国者组成的国家时，他会发现自己创造的是雅各宾式的人民或奴隶式的人民。

非常有可能的是，英国议会和英国选民很快将不得不考虑，他们要把假定或经验这两种原则中的哪一种应用于一种重要的古代制度，而它在所有我们的制度中大体上是最少偏离其原初形式的。我把这两种原则中的哪一种被应用于平民院选民团体的问题先放到了一边。那就够了，而其结果拿荷马的话来说，"取决于众神的慈悲"。不过，选举权和重划选区的问题已告终结，而与它混合在一起的贵族院重组的问题也突然变得不重要了，这一切令人吃惊，但没有哪位感觉敏锐的人会怀疑，后一个问题在不久以后将再度引发关注。关于贵族院法定的权力应当以何方式来行使，正如我上一篇论文中指出的那样，在每一党派色彩的政治家之中都流行着各种各样的观点，而这预示着不久会再有一场争论。事实上，仅仅是对延续重要立法的要求就将很快迫使人们注意到，得把上院改革作为一个重要的增补。② 在讲台上和报纸中流行了一段时间的这场争论抛出了许多

177

---

① 即国家。
② 指上院对下院的选举改革等重要立法的阻挠。

的变革建议，可它们当中很少有值得考虑的。这些提议包括：完全废除第二院；建立一个终身任职的贵族议院；授权君王从当前机构中挑选一定数量的贵族到每个议院服务；赋予整个当前的贵族院以选举一定数量的贵族的权利；建立一个有经验的行政官员的第二院；建立一个应由地方政界（Local Government Circles，至今仍未形成）来提供选民的参议院。但是，在这些对一个重要问题的合理解决办法的散漫的猜想中，有很多在我看来显露出了对第二院或上院性质的严重误解。

178　　让我首先谈下近来在这个国家最有影响的一个提议，即通过只包含一个议院的议会来统治的方案。这个计划是 J. S. 密尔在他的一本晚期著作中所倡议的，但公平起见应记住的是，他提出在这一个议院中少数派应有小而精确的代表。这个条件在后来的争论中被丢弃了，而引用西耶斯论述第二院这个主题的警句就被认为已足够了。西耶斯是这样说的："如果第二院与第一院不同，它就是有害的；如果它与第一院相同，它就是多余的。"人们可能没有注意到，这种说法是对哈里发奥马尔①的一种有意或无意的拙劣模仿，而奥马尔曾就亚历山大图书馆的书做出过下述答复，并因此导致了这些书被焚毁。"如果这些书，"伊斯兰军队的这位指挥官对他的军官说道，"与穆罕默德的书不同，它们就是邪恶的；如果它们与穆罕默德的书相同，它们就是无用的。"在这两种情况下，论证方式都一样，而且都是从同样的假定开始的。特定的说法被想当然地认为是神圣

①　奥马尔（Omar，634—644 在位）是伊斯兰教史上的第二位哈里发，传说他曾在640 年率伊斯兰军队征服埃及并在一处公共浴室烧毁了亚历山大图书馆里的藏书，而将伊斯兰教创立为国教的也是他。

的。假如《古兰经》是受真主启示且是真主全部说过的话，那么奥马尔就是对的；假如人民的声音就是表述真理的神的声音，那么西耶斯就是对的；假如通过一个特定机关传达的共同体的决定不仅是必要的而且是全智的，那么第二院就是多余的或不适当的。毫无疑问，大多数第一院或民选议院都确实做出了这种观点所依赖的假设。现在，它们对其权威的主张并不依赖英国的理论——该理论的优势就是一个特定社会里历史因素的平衡。这些第一院对来自经验的明智推论并不感兴趣，而从亚里士多德时起即有的如下推论却是任何宪法史的研究者都不会否认的：最好的宪法就是在其中有着很强的大众因素的宪法。对于卢梭理论有广泛影响力的一个证据就是：虽然事实上代表整个共同体（事实上对整个共同体是什么不存在一致的看法，也没有人真正地知道它怎样才能被代表）的第一院非常少，然而欧洲的第一院却几乎都声称代表了它。于是，它们披上了一层神奇的外衣，而那如果合法地属于它们的话对所有支持第二院的观点来说都将是毁灭性的。

179

在我看来，似乎没什么能逃脱得开下述事实，即参议院、贵族院或第二院等所有制度，都是建立在对人民的声音即神的声音这样一个主张的否定或质疑基础上的。它们表达了大量的人类常识对这一主张的厌恶。它们是政治理解的不可知论的结果。第二院的创立者及支持者并没有断言说一个民选议院的决定总是或通常是错误的。这些决定常常是正确的，但是，不可能确保它们是正确的。当多数人的政府的困难得到更多的探究，而作用于它的那些影响也得到更细致的考察时，对民选立法机

180

关绝不犯错的质疑就会变得更强烈。因此，我们所期望的一个组织良好的第二院，不是一个绝不犯错的竞争对手，而是一个额外的防护措施。根据这种观点，这样说并不过分：任何一个第二院几乎都要比没有第二院更好。没有这样的第二院是完全不令人满意的，虽然它的同时存在并不能给第一院最好的这种假定增加砝码；但是毫无疑问，第二院可以这样组建，而它的讨论可以这样进行，以至于它的同时存在将使这个几乎确凿的假定被放弃。在我看来，关于第二院的下述观念是不合理的也是浅薄的：它仅仅是修订机构且只被赋予在另一院所送交的法案中勾点圈划的特权。我们所寄望于第二院的是这样的一种防护措施——它的同时存在可以使法案在被赞同前作充分的考察。

181   对民选议院绝对智慧的疑虑是广泛传播的，要了解此点就需要注意一些事实。我不会停止考察美国的这种现象，但这里只会粗略地做出评论：自现代民主潮流开始蔓延以来所建立的一种十分成功的制度，就是一个第二院——美国的参议院。在欧洲大陆，除希腊、塞尔维亚和保加利亚之外，没有哪个国家没有第二院，而所有那三个国家都有这样的共同点，即它们都曾长期是土耳其帝国的组成部分，且它们现在都受到俄国政府的极大影响。俄国已没有真正的贵族制，没有任何（培根所谓的）"绅士的根基"，而土耳其从来就没有过。于是我们现在应该明白了，宪法的制定者们在为第二院寻找不同于普通的大众选举形式的支撑材料时，常常不得不（总归多多少少要）依赖贵族制的基础。但是，除了刚才提到的那三个共同体之外，所有的欧洲国家都有第二院，其形式各不相同：在挪威，大选之后一定数量的当选代表会被分派建立一个第二院；在古老的匈牙利宪法下，从很久前起①就建立了一个准贵族式的权贵院（House of Magnates）。世袭贵族以及通常与其相混合的终身贵族和选举贵族在欧洲大陆的第二院中仍是很常见的；它们可以在莱塔河以西（Cis-Leithan）②的奥地利、普鲁士、巴伐利亚、许多德意志小公国、西班牙和葡萄牙找到。有充足的理由相信，英国的贵族院将在欧洲大陆的一些宪法中被专门模仿。不管怎样它会被更广泛地模仿，但其中仍有一个值得注意的困难。即便不存对世袭原则的厌恶或不喜欢，但是在大多数欧洲大陆的社会里都有相当多的贵族，相应地要在他们当中挑选出一部分来专享特权就很困难了。西耶斯在他那本著名的小册子中评论道：在 1789 年，法国高等级贵族渴望③在新的法国宪法中嫁接一个贵族院，而这种抱负如柏克所注意到的那样，正是一部分最高贵的法国家庭要与革命运动共命运的那种热情的奥秘，虽然它像后来被证明的一样是自取灭亡的热情。不过，西耶斯指出了这些希望的致命障碍就是贵族的数量及他们理论上的平等。根据他的计算，整个法国的贵族不少于 11 万名，仅在不列塔尼就有 1 万名。在欧洲大陆，这种困难有时仍然表现为这样的比率，而这样的比率可以从一个奇特的例子中推断出来。有两个被分别称为梅

182

183

---

① 从本文首次发表以来，权贵院已经历了一次改革，但它仍是一个非常贵族化的机构。——原注

② 1867 年建立的奥匈帝国分为两个部分：内莱塔尼亚（Cislethania）和外莱塔尼亚（Translethania），狭义的内莱塔尼亚仅指莱塔河以西的部分，即奥地利。

③ Siéyes, *Qu'est-ce que le Tiers Etat?*, Chap. iv："一切依附于三四百个名门望族的人，都渴望效法英国，建立上院。"（译文引自西耶斯：《论特权 第三等级是什么?》，冯棠译，商务印书馆 1990 年版，第 51 页。——译者注）——原注

克伦堡-什韦林(Mecklenburg-Schwerin)和梅克伦堡-施特雷利茨(Mechlenburg-Strelitz)的小公国,它们的联合议会,是一种中世纪神圣罗马帝国议会(Diet),它变化很少。它现在包含731名成员,其中684名是有骑士头衔的人,拥有分封给骑士的土地。不过,通常来说,贵族数量这样多,会导致出席上议院的特权被局限于相对少的一些具有较高的和普遍认可的等级的贵族,而且很少会发现世袭贵族不与终身贵族相混合的。终身贵族也是单独出现的,但君王通常由宪法所引导而从特定阶级的杰出人士中来选择他们。以这种方式而形成的上议院的最佳例子就是意大利的参议院。

在法兰西共和国及欧洲的大多数君主制国家,都找得到经选举产生的参议员,无论他们是单独存在还是与终身参议员、世袭贵族一起存在。选举他们的方式值得做更细致的考察。有时参议院的选举者不同于下议院的选举者,例如在有财产资格限定的地方,参议院选举者的财产资格通常高于众议院选举者的财产资格。不过,更为常见的是,正如在法国、瑞典、丹麦、荷兰和比利时一样,经选举产生的参议员往往是由一个选民团体选出来的,它在理论上与选举另一个议院的选民团体一样。但是在后面这种情况下,选民被分成了不同的组。省、市、乡镇选举参议员,而下院议员被认为是由全国选出来的。再没有比这种发明更能清楚地表明让整个民主理论苦恼的一种基本质疑了。人们想当然地认为,一个大众选民团体会因为它被分组而受到不同的精神驱使,但是人民的分组和人民的声音之间为什么应当有联系呢?事实上,一旦我们开始认真地反思实际应用于民主原则的模式,我们就会发现,有一些重要的预备性问

题从未被解决过。假定人民被授予统治权利正确的话，那他们
是怎么给出他们的决定和命令的呢？卢梭回答道，所有的人民
必须定期地在集会中相见。西耶斯回答道，他们可以通过代表
来发言。但他在设计代表制度方面奉献了一生并展示了令人惊
异的聪明才智，而他从未成功解决过的那些困难仍然使纯粹的
理论家困窘。人民的声音可能是神的声音，但稍微注意一下就
会知道，对声音意味着什么或人民意味着什么从来就不存在一
致意见。人民的声音是通过单选区制（scrutin d'arrondissement）还
是政党名单制①表达出的声音呢？是由公民的投票还是喧嚣的集
会表达出的声音呢？它是少数派发出的调子完全无声的一种声
音吗？说话的人民是基于户主选举权的人民，还是基于普选权
而排除所有妇女的人民，抑或是不定期地在自愿的集会中聚合
在一起的男人、妇女和小孩的人民呢？这些问题中没有一个得
到解决，一些问题几乎就没有被思考过。事实上，民主的信徒
在很大程度上处在与拥有祭司的希腊人相同的位置上。所有的
人都同意祭司的声音就是神的声音，但每个人都承认，当他说话
的时候，他并不像所期望的那样能够被理解，而且没有人能很确
信，是去德尔菲还是去多多纳②更可靠。

　　对于那些更有头脑的，认为在世俗问题上根据所见行事要
比根据所信行事更好的政治理论家来说，这些困难中没有一个

185

---

　　① 单选区制又称小选区制，即每个选区只选举产生一名代表的制度；政党名单制
通常与比例代表制相结合，即选民投票给所支持的政党，然后各政党按照获得的选票
比例分到相应比例的议席，而各政党的候选人能否当选，要看其在本党名单上的顺序。
　　② 德尔菲和多多纳是古希腊最著名的神庙，前者供奉太阳神阿波罗，后者供奉万
神之王宙斯。

会使他困窘。但说这是无用的。就民选议院而言，他会感到满意的是，对英国人正如对希腊人一样，经验已经表明，最好的宪法是在其中有很强大众因素的宪法，而且他将愿意承认，随着每个人类社会的结构慢慢改变，改变和修正使这种因素得以被感知的组织也是恰当的。但是，就更为困难的重组上议院的任务而言，他会希望它由这样一些人来承担，他们完全意识到了下述事实：持续时间值得一提的只有两个第二院，就是美国参议院和古老的英国贵族院，而前者的所有成功都是昨天的创造。在重建旧的制度时，很难从不成熟的制度中获得任何有用的经验。美国的参议院严格来说跟英国贵族院一样都不是一个民主的机构。正如我在下一篇论文中指出的那样，它是建立在代表权的不平等而非平等基础上的。但另一方面，在当时委派代表去华盛顿的那几个州多半都比联邦出现时间更早；它们仍然保留着主权的一些部分；因此在这个国家可能创立的任何人为的地方政界都不过是其表面上的相似物。我相信，只有细致地考察经验所揭示的贵族院存在的缺点，只有细致地思考它在行使其法定权力时应遵从何种原则更恰当——这种疑惑实际上是会产生的，才会在它的可能进展方面获得某种线索。最有能力的上议院改革者可能会是那些因为属于它而了解它的人，而且波塔利斯①的格言无疑有时是适用的："当所有革新中最糟糕的是不革新时，就必须革新。"与此同时，我认为在我们今天的思想和倾向中，没有什么东西会支持下述模糊主张，即贵族院

---

① 法国 19 世纪的著名法学家让-马里-艾蒂安·波塔利斯（Jean-Étienne-Marie Portalis，1746—1807），他是拿破仑时期政府的重要幕僚，曾参与《法国民法典》的起草工作。

的改进是一个几乎没有希望的任务，虽然我承认这种主张因为非常模糊而很有影响。人们听说贵族院是由大地主构成的，听说拥有大片土地的权利几乎结束了；听说贵族的特权是世袭的，听说参与政府的世袭权利是荒谬的；还听说贵族制的时代及贵族占优势的时代已经一去不复返了。这些都是非常宽泛的通则，它们可能会激发其他同样宽泛的通则，但后者得到了更多经验和观察的支持。就目前而言，看上去拥有土地的权利无论如何还没有受到严重威胁。然而，只要稍具理解力就能明白，当前对它的反对就是对所有私有权利的反对，而且还曾有过这样的时期，对大量财产的占有（一种可能源于宗主权的所有权是自然产生的①）比其他几乎任何一种建立在财富基础上的优势类型都意味着更多的行政权力，以及与其他拥有从属利益的阶级之间更亲密的关系。在今天那些能够遵从科学思想路线的人看来，认为一个世袭立法机关本质上荒谬，这种论断本身似乎就是荒谬的。在所有的政府体制之下——在君主制、贵族制和民主制下都一样，被召集去管理公共事务的人是否胜任那一职责，都只是机缘巧合，但与其他两种制度相比，在贵族制下他们的能力非但不是更弱，反而显得更强。如果管理政府的那些资质可以固定在一个特别的阶级或群体的人当中，那么极有可能它们会被传递给下一代的同一个阶级，虽然就个人而言不能得出这样的结论。贵族的时代是否已经终结——这是最后一种反对意见，我不敢这样大胆地说。有时我想到，现代民主的一个主要

188

---

① 我在一本早期的著作中探讨过这个观点，参见 *Early History of Institutions*, pp. 115 et seq and pp. 130 et seq. 。——原注

189　缺点就是：尽管它最容易产生专制，却似乎不能产生贵族阶层，而迄今为止所有的进展都源自那种形式的政治和社会优势。但在今天，一些最敏锐的民主社会评论家并不持此观点。他们注意到走向民主的现代运动是与一种走向科学完善的运动相伴的，因而似乎相信世界有一天会在知识贵族的管理之下。社会将成为某种政治加尔文主义的教会，在其中特权集团将是那些有杰出才智的人。法国的民主社会使厄内斯特·勒南（Ernest Renan）先生所想到的似乎就是这种观点。① 这样一个贵族阶层——如果它行使所有的权力并把所有科学结果都置于自己控制之下——

190　是否有益也许值得怀疑。旧式特权可能有的缺点是十分清楚的，有时还很严重。它们表现为懒散、奢华、傲慢和轻浮这样一些特质；而在今天还特别表现为怯懦、对任何古代伟大事物之永恒性的不信任，以及（这是更糟的）下述信念：任何古代伟大机构的成员除了通过帮助摧毁它之外就不可能以其他方式博得名声了。但是，假定这些缺点的确在很大程度上使人沉溺其中，我仍然怀疑，通过把禁欲的科学家贵族（会通过不停的实践来完善智慧，且对自己绝对信任，对自己的结论绝对有把握）放到他们的位置上，人类是否就会得到纯粹的好处。不过，这些问题不会长久地或深深地困扰像我这样的人，因为我们强烈地怀疑

----

　　① 在勒南的《哲学对话》（Dialogues Philosophiques）一书的第三篇对话中，有一个年青的作家保罗·布尔热（Paul Bourget）先生在一本名为《当代心理学》的书中这样描绘他自己："事实上，民主与科学这两种当代社会的强大力量，有可能产生分歧，可以肯定的是，前者趋向越来越一致，而后者则倾向于产生越来越多的差异。归纳法哲学所谓的'知识就是力量'，意指某人所知道的是另一个人的十倍，那么他也就拥有别人十倍的能力。然而由于智力的不平等，让每个人受到同等教育的想法，毫无疑问是不可能全然实现的。这种矛盾将会越来越多体现在民主的潮流与科学的社会影响两者之间。"（pp. 106，107）——原注

这样的主张，即如果民主和科学之间真的发生冲突的话，那么对其敌人已有了防备的民主当然会获胜。

附注^①

泰勒先生^②已经正确地评论过，比较神话学这门新科学的真正教益是：我们最常与精神生产力相联的那种才能，即想象力，在原始时代是贫乏的。正如从法律和习惯的自然稳定中可预期的那样，比较法学更为有力地揭示出了这个相同的论断，并且指出在人类幼年的那些最一般的特点中，就包括观念很少和智力储备的增加缓慢。

　　新观念的产生并不是在一切社会状态中都像在我们所属的那个社会状态中一样推进得那么快，这个事实只是因为我们由来已久地习惯于把自己对人性的观察局限在它的一小部分现象上，所以才不熟悉。当我们开始考察它时，我们非常容易只看西欧的一部分，或许还有美洲大陆。我们经常把印度、中国和整个伊斯兰教的东方遗漏掉。当我们忙于对进步的规律做调查的时候，我们视野范围的这种限制是很有道理的。事实上，进步跟新观念的持续生产是一回事，而我们只有在观念很常见和很有深度的地方通过对比前后的观念才可能发现这种生产的规律。但是，进步社会的原始状态最好是根据那些未进步社会的可观察得到的状态来确定。因此，当我们把居住在我们模糊地

191

---

① 这个附注引自我的 *Early History of Institutions*, pp. 225—230。——原注
② 指爱德华·伯内特·泰勒（Edward Burnett Tylor, 1832—1917），英国人类学家，著有《原始文化》和《人类学》，影响深远。

称为东方的那千百万人的精神状态都当作无足轻重的和没有启
192 发意义的现象时，我们就在自己的知识中留下了一个严重的断
裂。我们大多数人还不知道的事实是，前述那些人的文学、宗
教和艺术，或者与它们相对应的东西，总是在一个清楚画出且
没有变化的观念圈里运动。这种观念状况与其说是被延长了的
人类心智的幼年时期，不如说是非常不同于我们的另一种成熟，
但是这一事实很少使我们清晰地认识到它是富有启发意义的。

其实我并不否认，东西方之间在产生新观念的速度方面
的不同，只是一种程度上的不同。在印度，甚至在英国人进
入它之前的那段悲惨的时期，以及在这种生产的较早时期，
都有新观念被生产出来。在中国也肯定有过一系列这样的时
期，在其中进步在非常缓慢地持续着，毫无疑问，我们对中
国社会及其他社会的绝对停滞的假定，在某种程度上是我们
无知的表现。相反，我怀疑新观念在西方的产生是否像现代
文学和对话有时所表明的那样快。事实上，不容置疑的是，
193 我们所认为的那些导致观念繁殖的原因是古代世界所不知道
的。它们包括永不停歇的对自然界新事物的发现，改变环境
和物质生活状况的发明，以及新的社会行为准则，而在最后
一类中，我认为首要的行为准则就是那条著名的格言，即所
有的制度都应当这样改进，以产生最大多数人的最大幸福，
而它在相关法律领域里最有影响。尽管如此，不少迹象表明，
即使是有意识地增加新观念的努力也只取得了非常有限的成
功。看看诗歌和小说吧。有时候，一位具有被称为天赋品质
的思想家，极大地和突然地对这两个艺术领域所生产的思想、

话语和声音做出了新的贡献。然而同样突然的是，在一次和少数几次这样的努力之后，这两个创作分支的生产力都停止了，然后可能在一个世纪里它们就只专心于模仿了。一个粗陋的例子可以在关于社会习惯的准则中找到。我们谈到了时尚的变化无常，然而对此进行历史的考察的话，我们会发现这种变化是很有限的，以至于我们有时想要把时尚看作在经历样式不断自我重复的周期。事实上，知识生产力的自然限制比我们自己通常所承认的要更多。这些限制——在一群人中的表现就是——把它们自己转化成了对新事物的厌倦，而这种厌倦会不时地降临于整个西方社会，包括拥有不同程度的信息和教养的那些人。

　　我现在的目标是要指出，当社会处在我们考察过的那种状态时，因观念贫乏而会有的一些后果。在那个时候，人与人之间的关系会被概括为亲属关系。基本假定是，所有不跟你通过血缘而联结的人都是你的敌人或你的奴隶。渐渐地，这个假定在事实上变得不正确了，不属于血缘亲戚的那些人也开始在和平、宽容或互惠的条件下相处。然而，新出现的观念并非都与这种新关系相协调，而新创造出来的用语也并非都表现了它。每个集团的新成员都像与它有血缘关系一样来说话，都像与它有血缘关系一样被对待，都像与它有血缘关系一样去思考。思想的转变那样少，以至于正如我们看到的那样，被人为的联结以惊人力量所激发的正是自然的联结所唤起的那种友爱和情感。清楚地理解这些事实就可以阐明几个历史问题，包括其中的一些关于爱尔兰历史的问题。然而，它们不应使我们太吃惊，因

194

为它们以修正过的形式构成了我们日常生活体验的一部分。几
乎每个人都能观察到，当新的环境出现时，我们会运用我们的
旧有观念来认清它，只是到后来，有时是很久以后，我们的观
念才被发现有所改变。英国法院(English Court of Justice)在很大
程度上就是努力促成这一过程的发动机。新的环境在不断地出
现，但它们起初只会根据旧的法律观念来做解释。后来，少数
法学家会承认旧的观念并不适用于他们所面对的新环境。

古代观念的缓慢发生，可以首先被引证为是必要的，以便
解释我们在走向历史学和历史法学时会遇到的那种重要的拟制
家庭(family of Fictions)。

论文四
美国宪法

美利坚合众国的宪法是近代最为重要的政治文书（political
instrument）。这个国家的命运受其控制和支配，而这个国家还有
一个特点，即它所有的领土——在它上面已经挤满了很多的居
民——是如此紧密地排列着，以至于同一种类型的政治制度可
以在它们中的每个部分建立起来。英帝国包含了更多的人口，
但它的各个部分相距甚远，且由一些很长的水域隔开，故此要
把不列颠诸岛（British Islands）的大众政府应用于所有这些部分
是不可能的，而不做相当大的修正就应用于它们中的任何一个
也是不可能的。俄罗斯像合众国一样结构紧密，而且它的人口
现在比合众国还多，不过其人数优势看上去很快就会被美国联
邦所超过。整个俄帝国在名义上由皇帝的唯一权威来统治，但
是在西部俄国的官僚专制（bureaucratic despotism）和管理着东部
俄国的军事独裁（military autocracy）之间已经有很大的差异了。
此外，每当俄国的制度（institution）看上去注定要经受的危机到
来时，俄国政府东、西部体制（system）①之间的差异就不可能不

———————

① 在汉语中，institution 和 system 都可被译为制度，但一般来说前者更多指涉国
家具体的组织、机构等，后者则更多地与宏观、整体的结构安排相联，本书为示区别
将前者译为制度（个别地方也根据语境译为机构）而将后者译为体制。

凸显。然而美利坚合众国，从大西洋到太平洋，从加拿大的湖泊到墨西哥的边境，似乎注定要无限期地留在同一种政治制度下，而且没有证据表明这些制度不会继续属于大众的类型（popular type）。在这些制度中，最重要的部分都是通过联邦宪法来规定的。事实上，合众国政府和各州政府的相对重要性并不像现在看上去的那样，似乎总是明确不变的。曾经有段时期，有几个州可被认为在损害合众国权威的情况下增进了自己的权威，但是南北战争（War of Secession）逆转了这一趋势，然后联邦慢慢地但毫无疑问地对各州占据了优势。因此，世界上最多样和最同质的居民的生活和命运基本上和主要地是由合众国的宪法来塑造的。

198 　　合众国的政治自由或多或少地影响了旧世界里所有形式的自由政府。但是，它之所以引起了我们这一代人最为浓厚的兴趣，还在于另一个原因。合众国的成功维护了"共和国"的声誉。"共和国"这个词曾一度非常模糊不清，被用以表示其元首非世袭国王的任何一种类型的政府，但后来它开始有了另外的含义，指基于普遍的和广泛的选举权之上的政府。要让现在的人明白，共和国的声誉在合众国建立之前曾下降到多么低，这一点也不容易。我曾在第一篇论文中提请人们注意，上个世纪的作家在谈到当时仍然存在的共和国时，用的语言是轻蔑的。《联邦党人文集》（对这本著名的美国文集我等会儿将有很多话要说）的作者对他们可能采用的唯一一种政府形式不够成功和名声不好而深感忧虑。他们所赢得的独立给他们留下了十几个旧有意义上的共和国，而既然世袭君主制是不值得讨论的，他们的联邦宪法

就必然是共和制的。他们试图把他们自己的共和国从通常所理
解的那种分类中抽出来。他们主要担心的就是混乱，而古代共
和国的骚乱及其"短暂的和动荡的存在"使他们印象非常深刻。
但他们说①，这些古代共和国不是真正意义上的共和国，它们是
"民主国"，是通过大众议会（popular assembly）的投票来统治的
原始类型的共和国，而大众议会由汇聚在一个地方的所有男性
公民构成。真正的共和国必须始终被理解为是通过代议制度而
使其免于混乱的一类国家。

　　但是在被解放的美国人开始他们的伟大试验后不久，共和
的声誉就不得不需要得到维护，以对抗一个更可怕得多的表明
共和制度有缺陷的例证，因为法兰西共和国已经建立起来了。
它的罪恶的黑影仍然笼罩着本世纪，虽然也在不知不觉地逐渐
消散。但还没有充分注意到的是它彻底的政治失败。它尝试了
每一种权宜之策，借助这些权宜之策，被不择手段的人所支配
的软弱政府试图使自己免于公开的溃败。它杀害了所有可能反
对它的人，就有限时间里飞溅出的鲜血量而言，死刑执行规模
之大是自鞑靼人入侵②以来人们未曾得闻的。它尝试了对外战
争，而且在这个领域取得的成功超出了它最狂热的希望。它尝
试了军事篡夺（Military usurpation），并把新立宪学派（new consti-
tutional school）——这个学派当时正开始控制它——的法国政治
家中最知名的和最正直的人流放到炎热的泥沼中去送死。③ 然而

①　*Federalist*, No. 10. (Madison).——原注
②　鞑靼人是操突厥语的一个民族，13 世纪初他们开始与蒙古人混杂在一起，因
而入侵俄罗斯和匈牙利的蒙古军队也就被欧洲人统称为鞑靼人。
③　指果月政变后两名督政官巴泰勒米、卡尔诺被流放到南美洲东北部的圭亚那。

199

200

它逐渐变得声名狼藉，并且在没有反抗的情况下就覆灭了。对拿破仑·波拿巴的许多指控并非完全不公正的，但无论如何他显然没犯毁灭一个共和国的罪行，如果共和国被理解为自由的政府的话。他所毁灭的是军事专制（military tyranny），因为这就是 1797 年 9 月以来法国政府的特征，然后他用另一个更严厉的和极受尊重的军事专制取代了它。

事实上，因为法国试验所造成的悲惨结果，美国的共和制度及一般而言的此类制度的声誉无疑下降了很多。欧洲大陆的各共同体不愿放弃对政治自由的希望，于是将这种希望转向了另一个方向，并使自己排他性地与立宪君主制（Constitutional Monarchy）联系在了一起。美国的政论家们注意到，本世纪的前 15 年是其国家在海外受到的尊敬最少和其政府受到欧洲外交官最傲慢对待的一个时期。① 就当美国联邦正在克服已经变得很普遍的对所有共和国的那种很低的评价时，一系列事件在靠近其国门外的地方发生了，而那本来可能使它羞愧受窘。西班牙在北美、中美和南美的殖民地起来反抗了，并建立了一些共和国，在其中法兰西共和国的那些罪行和混乱滑稽地再现了。这些说西班牙语的美洲共和国对法国人而言，就好比是埃贝尔（Hébert）和阿那卡雪斯·克罗茨（Anacharsis Clootz）②对丹东（Danton）和罗伯斯庇尔一样。对共和制的这种可笑的模仿持续

---

① 看看 1821 年坎宁（指乔治·坎宁，英国政治家和外交家，时任英国外交大臣。——译者注）在与当时在伦敦的美国国务卿约翰·昆西·亚当斯的对话中所使用的语言吧。（Morse, *Life of J. Q. Adams*, p. 141.）——原注

② 埃贝尔是法国大革命时的新闻工作者，"无套裤汉"的主要发言人，后被罗伯斯庇尔处死；克罗茨也是法国大革命时期的革命者，推崇理性，后和雅各宾左派一起被处死。

了 50 多年，甚至到现在这一幕仍未完全落下。因此，如果不受合众国历史限制的话，那么看起来很确定的是，关于政治哲学的结论必须建立在经验的镜片下所观察到的各种政府形式的基础上。如果我们通过采纳亚里士多德的分析来厘清我们头脑中的观点，并把所有的政府划分成一个人的政府、少数人的政府和多数人的政府，那么我们就将看到，人类拥有的有关一个人的政府的经验非常多，少数人的政府的经验也很多。此外还有试图结合这两种政府形式的一些非常有价值的经验，但人类拥有的多数人的政府的经验非常少，而且无论是什么经验总体而言都明显是很不好的。先前的那种疑问，即多数人的政府是否真的可能，大多数人是否在能理解的意义上和根据任何意志的理论（theory of volition）而可以被认为拥有共同意志（common will），似乎已得到了下述事实的加强：不管多数人的政府在何时被尝试，它最终产生的都是畸形的和病态的一个人的政府，或者畸形的和病态的少数人的政府。要没有合众国的历史——如果说它也拥有历史的话，那么这个结论实际上是不可避免的。这个联邦的宪法已经受住了法属美洲和西属美洲对它本身的嘲笑。它的成功是那样伟大而显著，以至于人们几乎已经忘记了，如果综合考察人类政府的全部已知经验，那么没有哪种形式的政府像共和制的政府那样不成功。

202

　　合众国各项制度的由来，以及它的发展模式，显然都值得关注和研究，幸运的是，供研究的资料充分而可靠。被称为《联邦党人文集》的这些论文发表于 1787 年和 1788 年，其作者是汉密尔顿、麦迪逊和杰伊，但主要出自汉密尔顿的笔下。它们最初被撰写是为了解释当时正待批准的合众国的新宪法，并消除已流传开的对它的误解。故此，这些论文无疑是对新宪法的事后辩护，但它们也向我们清楚地表明了，当时最有能力的美国政治家们是经历了怎样的思想路线才决心做出宪法中所体现的那些结论的，以及是怎样的论据的运用才使他们开始接受这些结论的。《联邦党人文集》通常会在研究它的人当中激起某种热情，但在这些人中也有一些并没有给予它太多的称颂。塔列朗①强烈地推荐它，基佐②则说，在把政府的基本原则应用于实际行政方面，这是他知道的最伟大的著作。一本早期的《爱丁堡评论》（第 24 期）把它描述为一本"在欧洲知名度不高的著作"，"但却展现了研究的深度和理解的敏锐，从而给这些现代最杰出的政治家们增添了光彩"。美国人对《联邦党人文集》的赞誉自然就更不着边际了。肯特大法官③这样写道："据我所知，没有任何一本论述自由政府原则的书在启发性和内在价值方面可以与这本小而质朴的《联邦党人文集》相比拟，甚至就算我们提及亚里士多德、西塞罗、马基雅维利、孟德斯鸠、米尔顿、洛克或柏克的书亦是如此。同样令人惊叹的还有其智慧的深度、观点的显明、思想的聪敏，及在谈论和介绍事实时所带有的蓬勃朝气、爱国心、直率、简洁和雄辩。"用心读过这些论文的人会认为这样的褒奖总体而言并不过分。或许在这些褒奖中，它们最

---

① 塔列朗（Talleyrand-Périgord, 1754—1838），法国著名政治家和外交家，曾在路易十六至七月王朝之间的数个政府中任职。

② 基佐（Guizot, 1787—1874），法国著名政治家和历史学家，曾担任驻英大使、外交大臣和政府首相等职。

③ 即詹姆斯·肯特（James Kent, 1763—1847），美国著名的法学家，曾任纽约州最高法院首席法官，著有《美国法释义》，有广泛的影响。

不该得的那个部分就是它们所被认为具有的研究深度。在《联邦党人文集》中，极少有前人政治思考的痕迹，除了孟德斯鸠在《论法的精神》中的那些思考之外，而《论法的精神》是当时很流行的一本书。三位作者认为孟德斯鸠的所有观点都是最为重要的。他们被他关于共和制政府必须与一小块领土相联的论断弄得很不安，同时他们又因为他承认这种困难可通过一个邦联共和国的形式克服而感到安慰。麦迪逊其实已经敏锐地注意到了，孟德斯鸠的学说往往既是哲学的也是争辩性的，而且它常常建立在一种未言明的对比基础上，即他讨厌的本国的制度和他钦敬的英国的制度之间的对比。但是，正如我们后面将指出的那样，孟德斯鸠的分析对美国宪法的创建者和捍卫者有很大的影响。总的来说，基佐对《联邦党人文集》的评论是最审慎合理的。它是一本在把政府基本原则应用于实际行政方面极有价值的著作。没有什么比它对新制度实际会怎样运作的预期更有远见的了，也没有什么比它对一些谬误的揭露更有说服力的了，而这些谬误构成了反对某些新制度的流行观点的基础。

205

　　这里并不是要说汉密尔顿、杰伊和麦迪逊忽略了历史经验。他们仔细研究了古代和现代的许多政府形式。他们对古代共和国的评论①极为公正，而这些共和国在此后不久被证明是对法国政治理论家的一种如此可怕的诱惑。由若干个国家组合而成的"尼德兰联盟"（United Netherlands）②得到了充分的考察，同时这个非同寻常的邦联的缺点也被敏锐地指出来了。神圣罗马帝

---

　　① *Federalist*, No. 14(Madison). ——原注
　　② *Federalist*, No. 20(Hamilton and Madison). ——原注

国①的独特结构得到了描述，而且有理由怀疑这些现在几乎已被遗忘的制度影响了美国宪法的制定者——他们既为它所吸引又对它反感。但是，他们所诉诸的最重要经验是他们自己的国家在最近那段日子里的经验。第一个国会或者说美国"大陆"会议，给起义后的各殖民地提供了最早的纽带，而它曾发布过《独立宣言》。随后是被批准于 1781 年的《邦联条例》。这些早期的经验在许多细节上有明显的失败，并带来了一些让人失望的后果。对这三位作者来说，它们是案例的宝库，以及警示和反省的丰富源泉，而他们着手做的就是要表明它们的缺陷在 1787—1789 年②的宪法中已被去除了。

尽管如此，仍有很多的政治经验是《联邦党人文集》很少利用的，那就是英国的政治经验。初看上去，这些可供参考的经验的匮乏③是令人费解的。这三位作者对英国的了解，必然比除他们自己国家之外的任何国家都更多。他们在其一生的大多数时候都是英国的属民。他们几乎还没有停止呼吸英国议会的空气，也几乎还没有停止从其特有的混乱中汲取力量。除了他们自己的顽强和英勇外，殖民地居民取得成功的主要秘密是那些在严格的普鲁士体制——它很快就在耶拿④被摧毁了——下受训的英国将军们不能使他们自己适应新的战争环境，而这些十分

---

① *Federalist*, No. 19(Hamilton and Madison). 在 J. C. 汉密尔顿先生的《联邦党人文集》版本中，第 19 篇和第 20 篇被认为是汉密尔顿和麦迪逊合写的，但汉密尔顿对它们的贡献在麦迪逊所留下的目录中并未得到承认。参见 Bancroft, *History of the Formation of the Constitution of the United States*, ii. p. 336. ——原注

② 《美国宪法》在 1787 年获得费城制宪会议代表的批准，1789 年正式生效。

③ 提到英国的有 *Federalist*, No. 5(Jay), 和（为证明一种假定的类比是不正确的）*Federalist*, No. 69(Hamilton)。——原注

④ 1806 年 10 月 14 日，拿破仑在耶拿大败普鲁士军队。

羡慕新式德国体制的将军们还将在对更凶猛的敌人的马朱巴山 207
战役①中再次表现出他们的无能。但是，殖民地居民从英国议会
反对派的鼓励中也获得了很大的利益。如果说法兰西国王给了
"援助"的话，那么英国的反对派就给了英国国王的敌人以永久
的"安慰"。它是英国政党体制的一个结果，而且它将在许多更
大的公共危机中再度呈现，其中就包括"半岛战争"（Peninsular
War）②。对英国国内事实的这种揭示和对英国国内弱点的这种
推断，将帮助一位军事暴君③获得力量，正如它们帮助殖民地居
民争得了独立一样。在《联邦党人文集》中，对好斗的政党精神
的各种评论④，或许可以猜想到是由对一个反对党能做什么的回
忆而激发的。但在这本书中可能没有公开提及此点。大体上人
们不得不怀疑，这本书提到的英国的历史实例那样少，是因为
它们不受人欢迎。麦迪逊、汉密尔顿和杰伊的目的是要说服他
们本国的同胞，而提到英国的经验只会激起成见和排斥。不过
我希望说明：合众国宪法从头到尾都受到了来自英国的政治观
念的影响，同时它事实上是英国宪法的一个变体，而它所呈现 208
给上世纪后半叶一位评论家的必然如此。

　　需要在脑海中谨记的是，美国宪法的建立与我们今天所能
目睹的欧洲大陆上每隔几年就有的那种新宪法的建立过程非常
不同，而它与一个新共和国——就现在对这个词的理解而

---

　　① 1881年2月，布尔人在马朱巴山战役中击败英国人，英国随后与布尔人议和，
签订《比勒陀利亚条约》，承认德兰士瓦（今南非的东北部）独立。
　　② 半岛战争（1808—1814）发生在伊比利亚半岛，是拿破仑战争中最主要的一场战
役，交战双方分别是西班牙、葡萄牙、英国，以及拿破仑统治下的法国。
　　③ 指拿破仑。
　　④ *Federalist*, No.70(Hamilton). ——原注

言——的建立相似之处更少。不管欧洲的这些新的宪法在什么
样的场合下出现，无论是因为在战争中失败了，或者是因为脱
离了外国的统治，还是因为政府被军队或群氓推翻了，新的制
度总是本着对旧的制度强烈不满的精神来塑造的，而旧的制度
即使往最好了说也只是其试验的牺牲品。但是，被给予自治权
的美洲殖民地居民，对他们的大多数制度即他们所属的那几个
殖民地的制度深感满意。此外，他们虽然通过成功的作战摆脱
了英国的国王和议会，但并没有就这些制度本身与国王或议会
争吵。他们的论点是，英国国王和议会通过僭取剥夺了他们所
拥有的权利，然后英国国王和议会又因为这种抢夺受到了应有
的惩罚。作为生而自由的英国人，殖民地的居民不太可能否认
议会的价值，甚至就国王而言，他们中的许多人也很可能一度
持有亚历山大·汉密尔顿年轻时的观点。虽然后者完全否认议
会支配英属殖民地的要求——除了后者所承认的那些之外，但
曾指出，要把许多分开的共同体团结在一个共同的领导下，就
必须有"连接性的和普遍性的原则"，而这只有在国王和他的特
权中才能找到，他"凭着殖民地居民和英国的国王之间的契约"
而成为"美国的国王"。① 不过，当战争爆发且与议会和国王的
联系又被破坏时，待承担的任务就变成了给它们提供替代品。
这种新的宪法纽带现在必须用当地的原料来铸就。在这些原料
中，没有什么能创造出一位世袭的国王，也几乎没有什么能制
造出一个世袭的第二院，然而不管怎样，要使现在这个英帝国
的分支能够承担起一个组织良好的国家的职能——就像它曾效

① 参见 Preface to J. C. Hamilton's edition of the *Federalist*, p. 10。——原注

忠过的那个王国一样完全地履行这些职能，其方法还是必须到大西洋的彼岸去寻找。合众国宪法是被应用于这些需要的非凡智慧和预见力的成果。但要重申的是，在这项新的事业与现代欧洲大陆共和国的建立之间几乎没有相似之处。在美洲建立的这个国家被称为一个共和国，只是因为它没有世袭的国王，而它没有世袭的国王是因为它没法拥有一位国王。在那个时候，每个没有世袭君主的共同体都被认为是共和制的。波兰有一位被选出来任职终身的国王，但他的王国被称为波兰共和国。在由选举产生的神圣罗马帝国①这种类型中，也仍然有古代罗马共和国宪法的痕迹。威尼斯共和国是严格的寡头制，而且威尼斯和热那亚所选出的总督事实上非常像旧类型的国王，正如罗马的那些最先把王权带给它的古代国王一样。瑞士的多数州是最原始类型的共和国，在那里每年都会有一次全体居民的集会，以制定法律和选举公共官员，但是在一些州由某个部分严格地统治着其他部分，而一些州则把它们附属的疆土都置于最严厉的控制之下。不过在今天，一个共和国的建立意味着，在所有的政府职能中，多数人替代了一个人或少数人，整个共同体替代了其特定部分。这样的一种试验会有巨大的和可能无法克服的困难，而那是殖民地居民从未想过要承受的。正如我将表明的那样，选举权在大多数州都是非常有限的，同样必须指出的是大约有一半州是拥有奴隶的共同体。

现在我打算接着考察美国人所建立的那些重要的联邦制

210

211

---

① 神圣罗马帝国(962—1806，全称为"德意志民族神圣罗马帝国"或"日耳曼民族神圣罗马帝国")的皇帝由教会和世俗的大封建诸侯选举产生，称为选帝侯，最初共七人，后来略有增加。选帝侯制度从13世纪中实行，一直到1806年帝国灭亡为止。

度——合众国总统、最高法院、参议院和众议院，在概略考察它们的同时，指出它们与欧洲先前存在的制度尤其是英国制度之间的联系。我所说的可能将在一定程度上充当对某些模糊观念的矫正，而它们不仅在英国讲台的散漫语句中也在美国人自己的历史话语中流露了出来。

　　从表面上看，在合众国宪法中，合众国总统与欧洲的国王尤其是英国国王之间的相同点是很明显的。总统拥有各种大小不同的权力，而那些对王权的一般历史稍有点了解的人马上就会将它们特别地与王权而不是其他的制度联系起来。全部行政权力被赋予总统①；他是陆海军的总司令②；他可经参议院的建议和同意而缔结条约，并可经同样的建议和同意任命大使、部长、法官和所有高级官员；他拥有对立法的有限否决权；非常情况之下他还可以召集国会。在《联邦党人文集》中，作者们承认，宪法反对者抓住不放的一个要点就是新总统职位与英国国王的相似之处。汉密尔顿对宪法反对者论点的回应③有时是很中肯的，但必须承认有时也是强词夺理的。他提出唯一可替代总统的是一个由多名行政官构成的委员会，然后强调在这样一个机构中会产生因为党派对立而致使行政权威瘫痪的风险。但是，他主要依赖的是总统与国王不同的那几点：这个职位是有期限的；任职者若干权力的行使须得有参议院的参与；总统对国会所通过法案的否决在性质上是有限的。不过相当清楚的是，宪法制定者经历了这样的思维活动：他们选取英国国王为样板，

---

① C. of U. S., Art. II. ——原注
② C. of U. S., 1, 2. ——原注
③ *Federalist*, No. 69(Hamilton). ——原注

仔细检查了他的权力，并在它们看上去过大或者与合众国的环境不相适应时就限制它们。值得注意的是，他们所拥有的立在他们面前的那个形象不是一个泛化的英国国王，也不是一个抽象的立宪君主，它不是对维多利亚女王而是对乔治三世的一种预期，正是后者被他们当成了样板。如果是在 50 年以前，或者在 100 年以后，英国国王给他们留下的印象会非常不同。在前两个乔治与辉格党的贵族统治之间有一种未明言的契约，即国王应当统治汉诺威而辉格党的大臣们则统治英国。国王和他的臣子之间会产生这样的划分，被归因于下述事实：欧洲的战争是从汉诺威地区开始的。① 但是，乔治三世不关注汉诺威，而对统治英国很有兴趣。他马上通过议和来重新调整政策，并开始以他自己的方式来管理英国政府。这样看来，合众国总统的原型显然是一个缔结条约的国王，及一个积极影响政府行政管理活动的国王。白芝浩先生②曾强调说，英国政治体制中被忽视的重要事实就是，英国政府是由立法机关的一个自称"内阁"的委员会来管理的。这正是乔治三世拒绝顺从的政府管理方式，而美国制宪者们则把乔治三世关于国王之职的看法视为理所当然。他们把政府的全部行政管理活动委托给了总统，而且他们不允许他的部长在立法机关的每个分支拥有席位或发表演说。不过，他们也限制了总统和部长们的权力，这不是通过现代英国立宪

213

214

---

① 乔治一世和乔治二世都热爱军事，前者曾在西班牙王位继承战争中作为大将在枪林弹雨中带队冲锋；后者则在奥地利王位继承战争的德廷根战役中指挥军队与法国作战。

② 沃尔特·白芝浩（Walter Bagehot, 1826—1877），英国经济学家、政治社会学家和公法学家，他所撰写的《英国宪法》被奉为经典并被广为引用。

主义所知道的任何发明来实现的，而是通过使总统职位每隔四年可被终止来实现的。

如果汉密尔顿晚生一百年，则他对总统与国王的比较将会显现出非常不同的特点。他必将承认，共和国的这个官员在两种职位当中是更有权力的。他必将注意到，在1789年未曾想到会彻底丧失的国王对立法的否决已不可挽回地消失了。他必定会评论道，总统与参议院共享的那些权力已经是国王完全不能享有的了。国王既不能宣战也不能议和；既不能任命大使也不能任命法官；既不能指派自己的大臣也不能从事行政管理活动。所有的这些权力都已转交给了白芝浩先生所说的议会的委员会。但在一个世纪前，总统之职与国王之职的唯一真实的、基本的区别就是前者不是世袭的。因此，由总统来接替总统的这种继承规则不可能是效仿英国的。但是，没有理由假定选举的方法是突然从美国政治家的头脑中生发出的。最初计划的两个特征在很大程度上被忽略了。总统虽然只任职四年，却可以无限次连任①，任期最多八年的那种实际的限制只是在不久前才最终解决。② 此外，宪法所提供的那种精心设计的选举方法③是意在成为现实的。每个州将任命选举人，而总统的选择将是选举人团④独立运用其判断的一个审慎的结果。当人们了解到什么会继此

① *Federalist*, No.69(Hamilton).——原注
② 可能指1880年格兰特谋求第三次出任总统的行动，虽然他失败了，但仍打破了自华盛顿以来所保持的总统最多任职两届而不再继续谋求连任的传统。不过在历史上任期超过八年的美国总统只有富兰克林·罗斯福，而且1951年的《美国宪法第二十二修正案》已明确规定任何人当选总统职务不得超过两次。
③ *Federalist*, No.68(Hamilton).——原注
④ 美国总统由各州选民(voter)选出的选举人(elector)所组成的选举人团(the electoral college)选出，故此选民和选举人在美国的政治生活中含义不同。

发生，了解到选举人的介入如何是一个无关紧要的假象，了解到这对总统选举性质的影响是什么，他们就只能带着些许伤感去品味汉密尔顿的下述预言："这个选举过程所提供的确定无疑的事情就是，总统职位基本不会落到那些未曾在极大程度上赋有必不可少的资格条件的人手里。"当我们知道有一个被挑选出的团体来真正地选举一位可能想要终身任职的总统时，就必然会想到选举的国王在欧洲还没有绝迹。在独立战争前不久，即《美洲印花税法》引发的骚乱的伊始，神圣罗马帝国的选举人团刚选出了一位德意志国王（King of the Romans）约瑟夫二世①，他被证明是比乔治·华盛顿还激进得多的改革者。被称为波兰共和国的那个倒霉的政府也选出了它的最后一位国王——背运的斯坦尼斯瓦夫·波尼亚托夫斯基（Stanislaus Poniatowski）②。看来很可能合众国宪法的制定者们有意地拒绝了后一个例子，而在很大程度上受到了前一个例子的引导。美国的那些拥护共和制的选举人就是德意志帝国的选帝侯，只不过前者是由各州来选择的。《联邦党人文集》的作者在书中专门研究了神圣罗马帝国，它得到了汉密尔顿和麦迪逊的细致分析。③ 他们指责它是这样一个政府：它只能给那些自身也拥有主权的政府下达命令，却不能就它的行政首脑的选举方式发布命令。有些人还曾这样评论道：合众国的选举人团和神圣罗马帝国的选举人团正是以相同

216

---

① 约瑟夫二世 1794 年被选帝侯（Prince-electors）选举为德意志国王，次年其父去世后被加冕为神圣罗马帝国皇帝（1765—1790 在位），以开明专制著称，他在国内推行了一系列激进的改革措施，包括废除农奴制，剥夺帝国境内各天主教主教世俗权力等。

② 波尼亚托夫斯基原为波兰贵族。在其原先的情妇（后为俄皇）叶卡捷琳娜政变成功后，他在俄国操纵下被推举为波兰国王。之后波兰被俄、普、奥三国瓜分。

③ *Federalist*，No. 19（Hamilton and Madison）. 但请参见第 205 页的注释。——原注

的方式失败的。选举人都受到了本国主导性的党派的绝对控制。神圣罗马帝国的选帝侯最终属于①法国一边，或者奥地利一边，正如美国的选举人要么拥护联邦党人或老共和党人，要么拥护辉格党人、新共和党人，或民主党人一样。

217　　　合众国最高法院是应该得到我们注意的下一个美国联邦机构，它不只是制宪者的一个最有趣的创造，而且是他们独有的创造。根据宪法的规定，这个法院的法官所必须履行的职责基本上都是源自其性质的。②合众国的行政机关和立法机关在宪法本身所明确赋予它们的那些权力以外就没有别的权力了。另一方面，各州也被宪法禁止从事某些行为和通过某些法律。那么，如果任何一个州或者合众国越过了这些权力的界限，该怎么办呢？撤消此类侵权行为的职责被《美国宪法》第3条委托给了最高法院，及国会随时授权建立的下级法院。但是，这种不同寻常的权力只能间接地行使，它是借助个人、州或合众国为当事方的"案件"和实际的诉讼③才发挥作用。借助此类诉讼中的争

218　论，违宪的观点会被提出来，同时法院的裁定遵从的是它从宪法的角度出发而采纳的观点。不由特定争论所引发的违宪性宣告对最高法院来说就是未知的。

　　　这个试验的成功使人们对它的新奇性视而不见。合众国最

---

①　对于法国人和奥地利人在神圣罗马帝国皇帝选举之前的那些密谋的说明，构成了布罗伊公爵（Duc de Broglie，全名雅克·维克多·阿尔贝，1821—1901，政治家和作家，法兰西学院院士。——译者注）最近一本书的最有趣的部分，参见 *Frederic II et Marie Therese*。——原注

②　A. V. 戴雪先生在一篇论述"联邦政府"的论文中对这个主题有极具价值的评论，它刊载于《法律评论季刊》的第1期（1885年1月）。在革命之前，由英国枢密院裁决殖民地与殖民地之间所引发的某些问题。——原注

③　Const. of U. S., Art. III, s. 2.——原注

高法院是没有先例的，不论是在古代世界还是在现代世界。宪法的创建者当然预见到宪法规则会被违反，但他们一般都是通过弹劾违反宪法规则者来寻求唯一的补救办法——不是在民法中而是在刑法中的。此外，在大众政府中，对于并非由人民直接委托的一种权威的惧怕和嫉妒，常常会导致需要运气或武力裁决来解决的困难。"我认为，"托克维尔在《论美国的民主》中写道，"迄今为止，世界上任何一个国家，还没有象美国这样建立过司法权。"①

不过，尽管美国宪法建立的联邦司法系统总体上是新奇的，但它的根源仍在于过去，而且这些根源中的大多数必须到英国去寻找。我们可以大胆地断言，在《论法的精神》出版之前，最高法院这个机构以及美国宪法的整个结构都不可能出现在任何人的脑海里。我们已经评论过，《联邦党人文集》把孟德斯鸠的观点看作拥有至高无上权威，而对那三位作者最有影响的莫过于他所坚持的行政权、立法权和司法权必须分离的观点了。这种区分对我们来说是那样的熟悉，以至于我们发现很难相信，行政权和立法权的不同性质甚至要到 14 世纪②才能被看清，而且直到 18 世纪，《论法的精神》才使对国家各种权力的分析构成了文明世界广为接受的政治学说的一部分。然而，正如麦迪逊注意到的那样，孟德斯鸠事实上是在写英国，并且是在将它与

219

---

① 译文引自托克维尔：《论美国的民主》（上卷），董果良译，商务印书馆 1997 年版，第 109 页。

② 它出现在那个伟大的吉伯林派（中世纪时期意大利的政治派别，又名皇帝派，其对立面是教皇派，又名归尔夫派。——译者注）法学家帕多瓦的马西利乌斯（Marsilio da Padva）的《和平的保卫者》（1327）中，而那里面还有其他一些对现代政治观念的新奇预想。——原注

法国相比较。

英国①宪法之于孟德斯鸠，犹如荷马之于叙事诗的启蒙作者。正像叙事诗的启蒙作者认为荷马这位不朽诗人的作品是产生叙事诗艺术的原则和规则的完美典范，并且用这个典范来判断一切同类作品一样，孟德斯鸠这位伟大的政治评论家似乎也把英国宪法当作标准，或用他自己的话说，是政治自由的一面镜子，并且以基本原理的形式讲述了该种制度的某些特有的原则。

220 事实上，在18世纪中期，完全不可能说清法国国王和法国议会在立法中以及在司法中②各自的职责始于哪里，又终于哪里。孟德斯鸠将这种界限的模糊与英国行政权、立法权和司法权的那种有重要意义却还不完全的分离做了对比，而他正是以这种对比为基础而得出其著名结论的。

孟德斯鸠在他的分析中增加了一个特殊的命题："如果司法权不与立法权和行政权相分离，就不会有自由。"因此在这里我们无疑拥有了美国宪法中涉及联邦司法的那些条款的主要来源。在读到《论法的精神》中以前述语句开始的那个章节（第11章，第6节）③时，不可能感觉不到，使其作者想起它的必定是英国人的实践。不过，导致美国宪法的制定者走向同一结论的，必

---

① *Federalist*, No. 47.（译文引自《联邦党人文集》，程逢如等译，商务印书馆1980年版，第246—247页，有改动。——译者注）——原注
② 路易·德·洛梅尼（Louis de Lomenie）先生曾对这种混淆作出过很好的说明，参见他的《博马舍及其时代》（*Beaumarchais et Son Temps*），第12章。——原注
③ 可参见孟德斯鸠：《论法的精神》（上册），张雁深译，商务印书馆1961年版，第155—166页。

定还有其英国亲戚的其他实践。他们必定敏锐地意识到，在立法机关中讨论宪法性法律的问题是很不方便的。从乔治三世登基到承认美国独立为止，议会两院中的辩论都与今天任何一个院的辩论极不相同。它们令人奇怪地依赖法律，尤其是宪法性法律。议会中的每个人都被认为是熟悉法律的，特别是大臣们。君王的仆从们不能用其法律官员的权威来为自己的行为作辩护，甚至总检察长和副检察长（Attorney-General and Solicitor-General）①也不能公开承认他们事先被征询过意见，而必须假装他们是一时兴起而在议院之前争辩法律问题的。对于仍占主导的这种学说的这些奇怪的假定，有一个很明显的保留，即君王法律官员的观点是严格保密的。在威尔克斯（Wilkes）的冤情②和殖民地的不满引发了激烈争辩的那整段时期里，关于那些不断被提出的法律观点，很难说议会还是法院才是更合适的裁决人。有时一位声名显赫的法官的观点是权威的，正如卡姆登勋爵③有关通用逮捕令（general warrants）的观点和曼斯菲尔德勋爵④有关威尔克斯的违法的观点，但议会也常常是不间断的斗争转向的阵地。当贵族院的查塔姆勋爵⑤宣布平民院因为不给予威尔克斯议

①　英国总检察长在法律上是英国国王的法律顾问和王室的首席法务官，有权答复议会和内阁对法律问题的咨询。

②　1763 年，激进派议员威尔克斯因发表文章攻击国王及其政策而遭逮捕，在案件审理时，曼斯菲尔德不顾公众的喧嚷和王室的压力，要求根据正当程序释放他，而卡姆登也把未署名的通用逮捕令视为对人民自由的大胆而公开的攻击。

③　查尔斯·普赖特，第一代卡姆登伯爵（Charles Pratt, 1st Earl of Camden, 1714—1794），英国律师、大法官，也是倡导公民自由的一位重要的辉格党政治家。

④　威廉·默里，第一代曼斯菲尔德伯爵（William Murray, 1st Earl of Mansfield, 1705—1793），英国大律师、政治家和法官，以其对英国法律的改革而著称。

⑤　威廉·皮特，第一代查塔姆伯爵（William Pitt, 1st Earl of Chatham, 1708—1778），英国辉格党政治家，曾任掌玺大臣，以其对政府腐败等的批评而闻名。

222 席可能招致民事诉讼时；当曼斯菲尔德用嘲笑来对待这个观点时；以及当卡姆登勋爵又在一定程度上支持查塔姆勋爵时，这种混乱达到了最高点。这些才真正导致了英国宪法性法律的那种令人不满意的状况，及其许多严重的、危险的不确定性。

在这样一种体制中，法律问题得到了最为激烈的讨论，却几乎从未解决过。该体制给美国的那些有头脑的人所留下的印象，肯定由于他们对宗主国与殖民地之间争论中的那个问题的熟悉而得到了加深。在这个问题上，英国人通常接受的基本是辉格党反对派的观点，他们习惯性地满足于这样的一般法则：把国家事业的成功与失败看作对或错的检验标准。老实说，欧洲那个最不受欢迎的国家的政治家应该知道，如果不把它最强大的欧洲敌人打败，它就不可能尝试征服一个重要的和遥远的属国。就美国人的观点来说，这个问题的是非曲直，已经被深深地埋葬在美国那帮唱颂词的历史学家的令人作呕的浮夸话语中了。然而事实上，这个问题是最具技术性的、最为困难的、最适合一个中立法庭来裁定的，如果这样一个法庭能够被设想出的话。把纳税与代表权联系起来的那句古老的宪法惯用语①究竟意味着什么呢？殖民地居民泛泛地谈论它，而当时的许多英

223 国人却觉得它是一句自相矛盾的话，因为它似乎不仅否认了议会对马萨诸塞州征税的权利，也否认了议会对曼彻斯特和伯明翰征税的权利——后两者在平民院中明显没有被代表。另一方面，美国人的论点在很大程度上可以通过这样一个事实来解

---

① 指北美独立时期殖民地居民所广泛流传的"无代表权不纳税"（No taxation without representation），其最早的渊源可上溯至英国 1215 年的《大宪章》。

释：殖民地居民享有代表权的那些地方议会"不是正式地被创立的，而是自发产生的，因为集合开会是英国人的天性"①。它们是曾属于英国的领土的自然结果。事实上，从流行的观点来看，无论是肯定还是否定这个尚在争论中的观点，都会直接导致一个谬论。当这场争论结束时，它的历史必然使那些再度恢复冷静的有思想的人想到，在同样被承认拥有主权的州与州之间的问题上，由司法机关来仲裁是非常恰当的。

我最后要指出的是，合众国宪法强加（第 3 条第 2 款）给最高法院法官的那种仲裁方式实质上是英国式的。英国的法庭不会做出任何一般陈述，除非这种陈述是在提交给它裁决的实际争论的事实上产生的。合众国最高法院的成功，在很大程度上是由于它遵从了这种决定合宪与违宪问题的方式。② 这一过程更为缓慢，但比起把宽泛的和紧急的政治主张提交给司法机关来公断，它能更好地免于压力的猜疑，且不会引发过多的妒嫉。而当一位欧洲的外国人要构想出一个法院来决定被指称的违反宪法性规则或原则的行为时，他想到的正是那种提交公断的做法。

遵照孟德斯鸠的原则，合众国的国会或立法机关是与行政机关严格分开的，而前者又由参议院和众议院构成，对此我几乎不需要再说什么了。这里我要紧随弗里曼先生说明的是，这

①　参见 Seeley, *The Expansion of England*。西利教授在这本杰作的第 67 页引用了哈钦森（Hutchinson）的话："这一年（1619 年），自由民的议会在弗吉尼亚突然出现了。"——原注

②　这种违宪审查的方式亦即所谓坚持"不告不理"原则的具体审查方式，与下一句所谈到的抽象审查方式相对。

个两院制的立法机关既是明显源于美国联邦宪法的，也是源于先前的美国殖民地宪法和英国宪法的。如果我们能够设想出这样一位 18 世纪的政治设计师，他要努力建立一部新的宪法，但却不知道英国议会的存在或有意地决定忽略它，那么他应当会把他的立法机关建立成一院制的，或三院制的，或四院制的，他极不可能把它建立成两院制的。《联邦党人文集》看来① 无疑在一定程度上是把古代世界的元老院看作立法机关的第二院了，但是更仔细地考察会发现这些最初包含着共同体的元老的特殊机构不太符合这种构想。② 对第二院——拥有对另一相分离的权威机关的提议的否决权且代表着不同的利益——的首次真实预想，出现在被误解了的那种制度即罗马的保民官中。在现代的封建世界里，共同体很自然地把它自己划分成了各个阶级或等级，而在立法机关中这些阶级也根据不同的原则而被代表。但这个王国里的等级是以各种各样的方式来划分的。在法国，三级会议（States-General）由三个等级构成：教士、贵族和作为第三等级的其余国民。在西班牙也有三个等级。在瑞典有四个等级：教士、贵族、市民和农民。英国宪法中的那个不同寻常的两院制是由一些特殊的原因产生的。除了被贵族院召集的少数尊贵的主教③，教士在英国议会中的单独代表权早已结束，而代表大量地主的郡骑士已从贵族中被分离了，他们在平民院里与城镇的代表坐到了一起。

根据《美国宪法》第 1 条第 3 款建立起来的美国参议院，目

---

① *Federalist*, No. 63(Hamilton). ——原注
② 参见 Maine, *Early Law and Custom*, pp. 24, 25。——原注
③ 英国贵族院有 2 名大主教和 24 名主教，他们被称为宗教贵族。

前是世界上最有影响的政治机构。就地位和权威而言，它绝没有辜负其创建者的期望。正如我已经说过的那样，把《联邦党人文集》的预言和美国总统职位的实际历史加以比较是不可能的——在这一点上不得不承认汉密尔顿及其同伴的希望已落空了①。但是，参议院总体而言仍证明了他们对它的期望是合理的。

　　通过州的立法机关——它们是人们选举的机构，全国的参议院议员由州的立法机关选任②——有理由可以期望这一部门的组成通常会经过深思熟虑。这些情况保证使全国会议具有比较丰富的知识，了解更为广泛的情况，不那么容易沾染党争精神，更容易摆脱那些偶然的感情冲动或一时的偏见和偏向的影响。这些情况在比较小的社会里往往会损害公众商议问题，造成对社会上的一部分人的不公和压迫，搞出一些虽然能满足一时的爱好或欲望但最后会以普遍痛苦、不满和厌恶而告终的计划。③

　　我们没理由怀疑，参议院的权力及它所享有的公众的尊敬，得归功于它所审慎建立于其上的那些原则，归功于参议员的成熟稳重，归功于他们相对长的职位任期——至少6年，而最重要的是归功于他们由各州立法机关来选举的这种方式，且参议

227

---

　　①　这里指的是：汉密尔顿等人相信未来的总统都会具备一些必不可少的资格条件，而实际上候选人常常为平庸的人。

　　②　美国的参议员最初由各州州议会选举产生，但1913年生效的《美国宪法第十七修正案》规定，参议员也由各州选民直接选举产生。

　　③　*Federalist*, No. 27. (Hamilton)（译文引自《联邦党人文集》，程逢如等译，商务印书馆1980年版，第133—134页。——译者注）——原注

院的权力自联邦宪法生效以来是增加了而不是减少了。

非常值得注意的是，最终采纳的那种选举参议院的方式，并没有得到从事联邦宪法构建工作的一些最坚定的有识之士的赞同。其第 1 条（第 3 款）规定："参议院应当由来自每州的两名参议员构成，他们由各州的立法机关选举产生，任期六年。"由此得出的就是，参议院是一个政治机构，它的基础不是平等，而是不平等。每个州所选出的参议员不能多于也不能少于两名。罗得岛、特拉华和马里兰在参议院中都拥有相同的代表权，正如重要的和人口众多的纽约州和宾夕法尼亚州一样。参议院这个宪法的构成部分因而是对平等的一种否定。现在，我在上面引用过其预言的作者是亚历山大·汉密尔顿，而汉密尔顿自己也提出过建立参议院的一种非常不同的方式。他的计划是这样的：参议院应当由"选举人所选出的人"构成，"这些选举人由各州的公民和居民为此目的而选出"，"他们根据本身的权利或者其妻子的权利而终身或者在一定期限内拥有地产"，"这个期限在他们投票的时候至少还有十四年"。这个计划还进一步规定，每位参议员应当从一个选区中选出，而且各州参议员的人数分配应当遵从大致代表人口的规则。综合起来的欧洲政治史和经济史已经告诉了我们，汉密尔顿的计划多半会被证明不能持久。它是建立在财产权的不平等基础上的，特别是建立在地产权的不平等基础上的。不过，作为经验和观察的结果，我们现在可以得出这样的结论：虽然大众政府在西方世界里稳步地扩展，且自由是财富不平等的根源，但民主社会对这些不平等相当警惕，而且在此类社会里没有哪种财产权形式会像地产权一样受

到那么大的威胁。在联邦宪法被制定时，美国的大多数州都有 229
对投票的财产资格限制，而且人们将看到选举权的这些限制还
被容许在众议院里发挥影响。但是，差不多在每个地方它们都
已经让位给了几乎完全的普选权，同时汉密尔顿的参议院的基
础也很可能会经历类似的改变。尽管如此，虽然财富的不平等
为现代民主所憎恨，但历史的不平等遭遇憎恨的程度却有所不
同，这可能在一定程度上是因为，科学就个人的遗传而最终获
得的看法已经不知不觉地被延伸到了国家的遗传上①。现在，合
众国的参议院反映了各州历史的这一重要事实，即它们最初的
政治平等。从南北战争北方获胜以来，这个事实变得纯粹是历
史的了，但它更加说明了来自现代欧洲的宪法创建试验——来
自欧洲立宪君主、共和国总统和立法机关第二院的实际历
史——的一个明显的推论：只有历史的原则能够成功地对抗使
所有公共权力和所有议会仅仅成为民众平均观点的反映的那种
原则。在所有与联邦参议院相联的问题上，汉密尔顿都无意识 230
地站在了名声更不好的保守派一边。他不仅通过一种财产权资
格区分了选择参议员的选举机构和选择众议员的选举机构，而
且从一开始就通过把任命每个州的州长或议长的权力赋予联邦
权威机关而取消了州的自治。②

　　与参议院分享美国立法权力的众议院，毫无疑问是平民院

----

　　① 前面梅因曾谈到在某个社会适合管理政府的人的资质极有可能"被传递给下一
代的同一个阶级"，这里可能暗指原西属美洲殖民地在独立建国后都遗传了西班牙的政
治混乱，而原英属美洲殖民地在建立合众国后却遗传了英国的政治稳定。
　　② 对亚历山大·汉密尔顿的宪法计划，请参见 Mr. J. C. Hamilton's edition of the
Federalist, p. 31。——原注

的一个复制品。能够使人想到《美国宪法》第 1 条第 7 款的只有英国宪法，而这一款制定了一条英国的原则，同时解决了以特定方式曾在它上面出现过的争论。"所有征税法案应当由众议院提出，但参议院正如对待其他法案一样可以提出修正案或对修正案表示赞同。"在我们国家，人们通常觉得众议院某种程度上比我们的平民院更像一个民主的议院。但这是一种庸俗的谬见。对这个主题的宪法规定包含在第 1 条第 2 款中，它的大意是说

231 众议院由各州人民每两年所选出的人构成，而每州的选举人"应具备该州州议会人数最多的那个院的选举人所需具备的资格"。《联邦党人文集》明确地告诉我们，当时这种资格的差别是"非常重要的"。"在每个州，"它补充道①，"都有一定比例的居民被州宪法剥夺此项权利。"选举每两年一次的规定也不具有后来所赋予它的那种意义。我们现在的观念是由《七年法案》(Septennial Act)②塑造的，但很显然在汉密尔顿的时代《七年法案》仍被看作公然的篡权行为，而合乎体统的英国体制则被认为是议会每三年一届的那种体制。每两年一次的选举似乎是作为组成联邦的各州的体制之间的一种合理的折中而被采纳的。在弗吉尼亚这个最热心推进革命的州，选举每七年一次，但在康涅狄格和罗得岛，选举事实上是半年一次，而南卡罗莱纳的选举则是一年一次。

232 比起美国的参议院或现在的英国平民院来，众议院更是一个专门的立法机构。许多授予总统的行政权力不经参议院的同

---

① *Federalist*, No. 54(Hamilton). ——原注
② 英国议会曾于 1641 年和 1694 年两次通过《三年法案》，规定每三年必须召集一届议会，后在 1714 年又通过了《七年法案》，将每届议会任期由三年延长为七年。

意不能被行使。同时，由于在内战后国会仍没有撤销束缚那个桀骜不驯的安德鲁·约翰逊总统①的立法，因此参议院现在的行政权威可能比制宪者曾经设想过的更广泛。众议院在行政的领域内不拥有类似的权力，对权力的这种限制本身就是它与英国平民院——为独立战争时期的美国政治家所知晓的英国平民院——有联系的一个特征。对政府的行政的那种意义深远且不间断的干涉，在当时至多才开始有微弱的表现，而现在则是通过平民院对大臣们的质询来实现的。此外，在相当长的时间里，国王成功地对平民院任命公共官员——他们在名义上是君王的大臣——的权利提出过质疑。乔治一世和乔治二世总体上都贯彻了这样的理解，即他们的大臣应当从一个特定的阶级中选出，但乔治三世是通过他自己挑选的官员来与殖民地居民进行斗争的，他在其统治的剩余时间里确立了这项权利。应当注意的是，合众国宪法对这种争论的解决办法在某种程度上是英国国王所主张的。各行政部门的首脑都从属于总统，且他们在参议院或众议院都不拥有席位。根据《美国宪法》第 1 条第 6 款的规定，"在合众国任职的任何人在他继续任职期间不得担任国会任何一院的议员"，他们被排除在两院之外。

233

这里我们被带向了一个最有趣的、能够吸引我们今天的英国人注意的主题：在联邦宪法的规定下运作的合众国政府，与独立于任何明确的控制手段而发展起来的英国政府之间有哪些差异之处。为了能够说清楚其中的一些差异，我将首先描述美

---

① 安德鲁·约翰逊总统在任期内对南方重建采取妥协立场，遭到控制国会的共和党激进派的强烈反对，还曾以一票之差险些被弹劾下台。

国众议院处理其立法的方式，以及它调控行政机构和立法机关之间不定期联系（这是与自由政府不可分的）的方式。然后，我将对比这种体制和英国平民院目前所奉行的那种体制。这种差异是很显著的，而且可能会使一位英国人不安。

234　　　除了参议员和众议员的联合委员会外，众议院还根据其第10条规则而把自己划分成了多达40个常设委员会。这些委员会拥有管辖权的主题包含了政府的全部事务，从财政、外交和军事事务，到法律编纂和公共建筑支出。第11条规则规定："所有被提出的立法应当提交给第10条规则中列举的那些委员会。"由于众议院里没有政府官员，故而所有的议案都必须靠各位议员提出，且他们可以自由地起草它们。我相信差不多每个议案都会被分配到合适的委员会，但是它们当中由委员会"提出报告"并回到众议院的比例相当小。众议院和委员会中为数众多的律师事实上会重写议案。因此，每个议案确切地说都源于一个严格的立法机构的核心集团。现在我们就会看出，这与英国立法的早期阶段有明显的差别。这两个国家在议会下院与行政部门的联系方式上的差异更为广泛。这种联系在美国是受众议院的第24条规则所指导的。首先，如果信息是从国务卿或其他部

235　长那里获得的，那么众议院必须做出一个决议案。根据这条规则，每周有一次——也只有在这种情况下，"针对行政各部首脑的质询案应当提交给适当的委员会以听取建议，同时该决议案应当在那之后的一周内向全院做报告"。有时，我相信，部长会出席这样的委员会，但如果他愿意，他也可以通过寄给众议院议长的正式信件来回答此决议案。这种细致审慎的程序是因我

们自己平民院中提出问题、回答问题的那种不明确的和无规则的实践而发生改变的。

美国众议院在发起议案和询问部长这两方面遵循了这样一个政治机构的程序，它认为自己恰当的职责不是行政，而是立法。另一方面，被世界上大部分人看作一个立法机构的英国平民院（虽然它从来都没有真正符合过那种描述）从 1789 年起就把英国的整个行政部门及其殖民地、属国的大多数政府置于自己的监督和控制之下了。从理论上说，平民院对官方信息提出要求的权利是没有限制的，不仅涉及政策的一般路线，而且涉及行政管理的细节。它通过向国务大臣席（Treasury Bench）上的大臣们公开提出问题来实现它的权利，而在这种实践的所有后果中，单是回答大量问题所花费的时间就已开始严重侵占留给立法的时间了。这些问题中有少数可能起因于平民院某议员对外交和国内政策表现出的合理的兴趣。一些无疑源自单纯的好奇心；一些源自情有可原的虚荣心；但有很多则蓄意地想要造成公共骚乱。一个小小的反对意见是，明显具有争议性的问题的数量也正在明显增加。

在合众国，所有可能成为法律的立法倡议都源于参议院或众议院的委员会。可我们所认定的英国立法提案的诞生地是哪里呢？想过这个问题的人会发现它曾是一个使政治评论家们困惑不解的最模糊不清的问题。一些议案无疑源自行政部门，在那里既有法律或体制的缺陷已经通过实际的行政管理活动而被揭露。其他一些议案可以说是在平民院里构想出的，它们要么源于平民院的委员会报告，要么源于平民院所通过的决议，根

236

据现代的实践——由立法的困难无疑可以想到，这种报告和决
议无疑已取代了下院普通议员的议案。但如果我们可以信赖
1883年的经验的话，那么到目前为止的一些最重要的法案，对
这个国家的整个未来有最重要影响的一些法案，有着更值得注
意的起源。某个伟大的英国政党，自然是给掌权政府以支持的
那个政党，控制着一个绅士们（我希望把那个美国式的名字"操
纵者"[wire-pullers]应用于他们不致使人见怪）的会议，而这个
会议不仅向政府口授了它提交给平民院的立法，而且向它口授
了它应服从的命令。在这里，我们被带向了英国宪法的这个重
要的现代悖论。尽管平民院承担了对整个政府的监督职责，但
它却把立法事务中最重要的部分转交给了政府。因为有效的立
法工作是始于内阁的。大臣们（他们很难从差不多持续到9月初
的一届会期的非常严重的疲劳中复原）在11月集合到内阁中，
并且在持续时间超过两星期的一系列会议中决定哪些立法建议
将被提交给议会。我们有理由相信，这些只以纲要形式拟订的
建议之后会被交到政府起草人的手上。所有的立法都包含着那
么多对细节的操控，以及将模糊设想出的新东西与既有法律相
适应的工作，以至于如果我们把每个法律条例的五分之四归功
于那个熟练的、使政府议案得以成型的律师的话，我们可能是
不会错的。正是从经过他手的这些议案中，那些将在女王演讲
中宣布的法案才得以形成，同时在这一点上英国的立法开始了
另一个阶段。

　　美国的政党当然也支持或反对特定的立法提案。它们为特
定议案的成功而兴高采烈，也为特定议案的失败而沮丧不已。

但在一个议案被拒绝后，除了沮丧之外就没有其他特别的结果了。这个国家的政府仍像从前那样运转。在英国则不然。由政府部门引入议会的每个议案（而且我们已经看到所有真正重要的法案都是这样引入的），必须在没有实质性修改的情况下被平民院通过，否则大臣们会辞职，随后将在一个帝国延伸至地球最遥远的部分发生最严重的后果。因此，一个政府议案必须用政党组织的全部力量来迫使平民院通过它，而且必须以与政府部门所赋予它的那种非常接近的形式来通过它。严格说来，它还应当在贵族院里经历一次彻底的讨论，但英国立法的这个阶段现在变得只不过是名义上的了，而君王对它的意见在很久以前就已成为一种形式。因此，被公认为英国立法创造者的应当是政府。于是，我们就有了一种非常特别的结果。这个国家的宪法实践曾使孟德斯鸠想到他那关于行政权、立法权和司法权的令人难忘的格言，但它是这个国家在一个世纪里伪造出来的。形式上的政府部门是立法的真正来源，而形式上的立法机关则不断地关注政府的行政。

　　从一个美国的立法提案刚开始出现起，就没有什么比它的进程更平稳和清楚的了。任何一个议案，不管是在众议院中还是参议院中，都会经历一些相同的阶段，且各阶段的时间长短也相同。在议案经两院通过之后，就必须把它提交给合众国的总统，他拥有否决权，虽然这种否决权是有限的，但却经常被运用，且很难被推翻。英国的议案则源自一些小溪流，或不流动的水塘。然后它就在地下走完了它的大部分进程——因为内阁的保密而远离人们的视线。当它在平民院中出现时，它像运河中的水一样不能溢出堤坝，但一旦离开那个议院，它就带着瀑布的冲泻力克服了其余的所有障碍，并与那个茫茫无际的英国制度的海洋混在了一起。

这种古怪的立法方式给英国带来了严重危险，而危险是由下述原因引起的：此种立法方式不仅在制定普通法律时被遵循，而且在修订（如果仍然允许我们使用这个词的话）被归为英国宪法的那些法律时也被遵循。"在英国，"托克维尔写道，"宪法可以不断地变化；或者更确切地说没有变化。"在英国，无疑仍存在着很强的保守主义力量；它们能存留是因为，虽然我们的政治制度已经改变了，但它们最初得以从中产生的那种社会环境还未绝迹。然而，在我们已趋于衰败的宪法的所有弱点中，再也没有什么比下面这点更严重的了：对于触及我们政治体制根基的法律的通过，缺乏任何特殊的防范措施。这种缺点的性质，以及在美国与其形成对照的那些形式多样和精心设计的预防措施的特征，可以通过考察两个著名的措施而得到清楚的阐明，它们是仍未完成的伦敦市法团（London Corporation）改革和已经成为法律的《郡选举权法案》。伦敦市的重建虽然是一项非常困241 难的任务，但在美国类似事项是属于普通州议会立法范围的。事实上，纽约州的议会就曾数度尝试改造纽约市，后者屡屡表明自己是腐败的、管理不善的和无效率的；这些尝试至今只取得了极为有限的成功，除此之外它们就没什么需要特别注意的了。但无论是从各州的观点来看还是从合众国的观点来看，与英国《郡选举权法案》略为相似的一个法案都将是一个宪法修正案。在美国的一个最不重要的（最不发达的、最偏远的）州，这类法案的制定都必须伴以谨慎设计的、预防性的程序，对此我在第二篇论文的后半部分已经叙述过了。如果一个美国的《郡选举权法案》由联邦政府提出并强迫人们遵守，那么可以想见实施它的困难将是非常大的。一般说来，宪法并不干预选举权，它把投票的权利交由各州，根据每州不同的环境和占优势的政治观点因地制宜地管理。但是，在新的保护黑人投票权的条款①中，这种惯例现在已经被违背了；毫无疑问，如果在美国要设想这样的一个法案，而它和整个美国制度的关系与《郡选举权法案》和我们的整个制度的关系相同，甚至是如果要把对选举权的一种简单的改变引入各州或大多数州，那么这个目标只有通过合众国宪法的一个修正案才能实现。因此，必须结合《美国宪法》第 5 条进行论述。这一条是整个联邦结构的基石，它是这样规定的：

242

　　国会应在两院各三分之二议员认为必要时提出本宪法的修正案，或经全国三分之二州的议会的请求而召开制宪会议以提出修正案。以上任何一种情况下提出的修正案，经全国四分之三州的议会或四分之三州的制宪会议批准，即成为本宪法的一部分而发生实际效力，采用哪种批准方式可由国会提出。

　　因此，需要修订宪法的一个法案的进行方式就是这样的。首先，合众国的参议院和众议院必须通过每一院的三分之二多

---

　　①　指 1870 年生效的美国宪法第 15 条修正案，其中规定："合众国公民的选举权，不得因种族、肤色或以前是奴隶而被合众国或任何一州加以拒绝或限制。""国会有权以适当的立法实施本条。"

数表决，认为所提议的修正案是值得要的。然后，这个修正案必须由全国三分之二州的议会批准。目前，美国有 38 个州。因此，批准修正案所需的州议会数是 29 个。不过，我相信没有哪个州的议会不包含两院①，于是我们得出了下述令人吃惊的结果：在合众国，一个像英国《郡选举权法案》那样重要的宪法性法案在成为法律之前，除了必须获得联邦立法机关两院各自的三分之二多数对它的支持外，还必须获得不少于 58 个相分离的立法机关的议院对它的赞同票。宪法所允许的另一种做法，即召集独立的合众国和各州的特别制宪会议，可能将在实践中被证明时间更长且更为复杂。②

这些预防草率革新的措施是很有效的，而且它们的有效性已经被联邦宪法的实际历史证明了。在 1789 年 3 月 4 日新的联邦政府开始运作的那个日子，宪法已得到当时建立的、除三个州③以外的所有州的批准。新国会的第一批行动中就包括 1789 年 9 月 25 日向各州提出一些涉及相对不重要的目标的修正案④，它们无疑是已经为起草宪法的讨论所要求过的，在接下来的几年里，各州批准了这些修正案。更重要的一个修正案⑤与最高法院的权力有关，它是在 1794 年 9 月 5 日被宣布获得批准的，而另一个修正案旨在弥补最初指导总统和副总统选举的

① 宾夕法尼亚州在 17 世纪末曾实行过一院制，而现在的内布拉斯加州也实行一院制，但在当时这两个州的立法机关也都由参议院和众议院构成。
② 《美国宪法》迄今为止共有 27 条修正案，其中有 26 条都是由国会提出后经四分之三州议会批准通过的，仅 1933 年生效的第 21 条有关撤销禁酒令的修正案是由国会提出后经四分之三的制宪会议批准通过的。
③ 这三个州是纽约州、北卡罗来纳州和罗得岛州。
④ 指前 10 条宪法修正案，亦即所谓的美国的《权利法案》。
⑤ 指第十一宪法修正案。

规定所显露出的那种极大的不方便①，它是在 1804 年 9 月完成它的批准程序的。因为最初那些州的数目少，所以这些早期的修正案相对容易被采纳，在那之后联邦宪法有 60 年没有改变过。第十三、十四和十五条修正案是在 1865 年初至 1870 年初这段时间里成为宪法的一部分的，而它们是北方征服南方的结果。它们废除了奴隶制，防止其复活，禁止以种族或肤色为理由剥夺投票权，对战败的分离各州的追随者实施处罚，并且附带地给予联邦的公共债务以宪法的保障。但如果南方没有被置于北方的统治之下，它们既不可能被提出，也不可能被批准。美国的军事力量控制着南方各州的政府，而且居民中除了黑人外几乎没有哪个阶级在南方的立法机关中得到了代表。南北战争本身就是一次革命战争，继它之后事实上是几年的革命时期，在此期间不仅南方各州的制度而且大部分的联邦制度都或多或少地被猛烈地转向了某些制宪者未曾设想过的目标。但是，联邦制度的形式总是得到了维护，而且它们逐渐地恢复了它们的现实性，一直到现在，合众国宪法的运作与 1861 至 1865 年国内骚乱前的运作方式没什么不同——除了黑人奴隶制已消失以外。

由联邦宪法归于合众国和各州的这些权力和限制，也被置于我们已经描述过的那些精心设计的预防措施的保护下了，而

①　根据《美国宪法》第 2 条，在总统选举中每位选举人可投票选举两人，其中得票最多者为总统，次多者为副总统，结果 1800 年因杰斐逊和伯尔（同属民主共和党）所获选举人票数相同，而众议院投票又久久未能决出正、副总统人选（杰斐逊经 36 轮投票才当选），故此《美国宪法第十二修正案》就做出了这样的规定：选举人应分别在选票中写明总统及副总统的人名。

它们决定着美国历史的整个进程。这段历史正如对它的各种记录所充分表明的那样，是从战争和革命中产生的一种社会条件下开始的，可能正是这种社会条件，使这个伟大的北美共和国的命运不同于南美的那些混乱的共和国的命运。但是，宪法的这些条款对她所起的作用，就像给莱茵河畔的旅行者留下深刻印象的那些堤和坝一样，控制着一条源于山谷间急流的大河的

246　流向，并把它转变成了世界上最平稳的一条水道。另一方面，英国宪法就像英国的那条伟大的河流①一样，它在观察者看来可能今天总是或多或少地在泛滥，而这归因于堤岸的破裂及无数排水管倾注到它里面的水。不过，应当看到的是，美国宪法中对美国人民的命运有最大影响的一些规定，并不总是那些肤浅的研究者首先会注意的规定。最容易引起注意的是第4条第4款，它规定合众国应确保联邦各州实行共和政体，同时确保其免于内部的暴乱；以及第1条第9、10款，它禁止合众国和各州授予贵族爵位。没人会对第1条中下述内容的重要性产生误解，即各州不得缔结条约、结盟或加入邦联（confederation），不得使用金银之外的东西来偿付债务，以及（未经国会同意）在和平时期保持军队或战舰。但是，一位性急的读者可能会低估第1条中某些规定的实际影响，它们授权合众国"为促进科学和应用技

247　艺的发展，而确保作家和发明家拥有在限定期限内的对其作品和发明的专利权"，禁止合众国和各州对任何一州输出的商品课税，还禁止各州通过任何削减契约义务的法律。不过，由联邦政府授予专利的权力已经使得美国人民在发明的数量和独创性

---

　　①　指泰晤士河。

方面位居世界第一了，而他们也正是通过这些发明来促进"应用技艺"的；另一方面，不注意运用这种权力来维护外国作家的利益，已经使整个美国共同体处在了思想史上空前的人文知识的依附状态。禁止对一个州运送到另一个州的商品征税，既是美国自由贸易的秘诀，又是其贸易保护的秘诀。它确保了生产者对有着巨大自然财富的一大片领土的自由市场的控制权，然后又使美国人民接受了外国进口商品的关税，而此关税就像以前一个国家所接受的一样沉重。① 我已经注意到，前述那条规则——拒绝授权给各州以制定任何削减契约义务的法律——受到了批评，好像它只是一种纯粹的政治经济学的修辞。但事实上，在整部宪法中再没有比它更重要的规定了。它的原则通过最高法院的一个裁定而得到了充分扩展②，且现在应当会有很多英国人对它感兴趣，因为它是许多大的美国铁路公司信誉的基础。但正是这样的禁止才在事实上确保了经济力量的充分运作，并进而实现了北美大陆土地上的耕作；它是美国个人主义抵御民主的急躁和社会主义的幻想的壁垒。记住下述这点对我们来说可能是有用的，即在这条禁令被取消之前，某些起源于美国的共产主义计划（据说这些计划对英国的工人阶级极具吸引力，因为它们被认为是从民主共同体的内部产生的）在美国获得实现的前景就如同鸟儿要在大地和天空之间建立天空布谷鸟区

248

① 在历史上，美国曾长期实行对外国的高关税，以保护其国内市场，只是随着美国产品在国外销售的增长及跨国公司的大量出现，它才逐渐调低了平均关税税率而最终成为市场开放的国家。

② 参见1818年的达特茅斯学院诉伍德沃德案（Dartmouth College v. Woodward），这个案件是由丹尼尔·韦伯斯特作辩护的。——原注

(Cloud-Cuckooborough）的幻想一样。

　　我们不可能期待美国宪法创建者的希望都会实现。他们似乎还未对政党的快速发展——主要是通过托马斯·杰斐逊的影响——做好准备，也未对美国政党很久之前就已给自己装备了的那种全面的组织做好准备。他们可能预见到由人民直选产生的众议院会落入党派的控制，但总统选举办法的失败仍是一个会让他们极为失望的事情。我几乎不需要再指出，意在成为一个真正的选举人团的机构，实际上只充斥着两大竞争政党的代表，而一个总统选举人在选举总统时扮演的积极角色也不过就是拥有一张投票纸。这种失败已经影响到了美国总统的品性。一个选举人团可能会犯下一个大错，但通常来说，一位总统候选人（他是由全体人民为选举而提名的）将是这样一个人：他被选择是因为不存在对他公开的、明显的批评，并因而极有可能是一个平庸的人。但是，虽然美国总统并没有都成为华盛顿、汉密尔顿、麦迪逊和杰伊所想让他成为的那样的人，但在美国并没有发生可与欧洲大陆相比拟的、在它的模仿者手上所经历的那种总统职位的变质。很可能外国人中只有英国人能充分理解美国宪法，虽然即便一个英国人也容易假定它是一种全新的、政治上的偏离之举——实际上它并不是，并忘了把它与一个世纪以来的英国制度做比较。尽管美国宪法可能给欧洲大陆大留下了最深的印象，但它几乎从未被理解过。它的模仿者有时会犯下历史的错误，把它的一些后来起作用的部分与其创建者最初对它的设想搞混了。有时他们还陷入了这样一种实际的错误：试图把它的特征与英国宪法的一些现代特征结合起来。法兰西第二共和国的总统①是按照美国人的现代实践而由法国人民直接选举产生的，结果却是，这位总统推翻了共和国并建立了军事专制，因为他对自己个人的权威有自信，且他的权威也通过广泛的支持而被证实了。法兰西第三共和国的总统是以一种不同的和更安全的方式②选举产生的，但是他任命的部长都在法国的立法机关里拥有席位，参与它的辩论，并对下院负责，正如英国内阁的成员一样。结果就是，在活着的官员中，没有谁的职位比法国总统的更可怜了。法国的老国王们既统治（reign）也管理（govern）。在梯也尔（Thiers）先生看来，立宪国王统治但不管理。美国的总统管理但不统治，而法兰西共和国总统则既不统治也不管理。

　　除了一点以外，参议院被证明是一个最成功的机构。国会包含了许多可敬的和有能力的人，但断言作为一个整体的美国联邦立法机关清正廉洁就装腔作势了，在这一点上不需要引用讽刺文学或小说。事实上，近年来很多英国人都关注国会的事业（Congressional business），因为有很多证据表明，大量的钱被不合法地花在了推进国会的事业上。宪法的一个规定在这里使得另一个规定失效了。第 1 条第 6 款的一个部分提供了防范参议员和众议员腐败的措施，但就在这个部分之前的规定是："参议员和众议员应获得由法律所确定并由合众国国库所支付的服务报酬。"对立法服务的这种付酬制度盛行于整个联邦，并产生了一个职业政治家阶层，他们的正直在某些情况下被证明不能

251

---

　　①　指路易·拿破仑·波拿巴，他通过军事政变建立了法兰西第二帝国，而恢复帝国的法令在公民投票中获得了绝大多数人的赞成。
　　②　法兰西第三共和国总统由参议院和众议院联席会议选举产生。

胜任由这样一种权力施加在他们身上的压力，因为他们处理的是这个很快将成为世界上最富裕共同体的国家的公共资金和公共财产。在这方面，美国的政治体制明显不如英国的政治体制，即使后者处在衰败之中。

252　　　　有人可能会想到，有个重要的美国制度在某个场合明显地和灾难性地失败了。合众国的最高法院在通过其调停来阻止南北战争方面并未取得成功。但是，这一论断并不公正。合众国宪法的制定者就像随后几代的美国政治家们一样，有意地、尽其可能地把奴隶制的问题推到了他们自己的视线之外。在为确定众议院的选举基础而计算人口的方法中，以及在第4条随后的那个著名的条款("在某一州服兵役或劳役"的人如果逃到另一州的话应当被移交)中，这个问题几乎没有显露出来。但是，总体而言，制宪者们故意绕开了这个问题。他们对自己的观点缺乏勇气，不管这种观点是什么。他们既没有为奴隶制提供保障，也没有试图管理它，或为它的逐步消除做出规定。于是70年后，当最高法院被要求裁决，如果奴隶们的主人把他们带到合众国的某片还未组织为一个州的领土上，他是否仍保留对奴隶的所有权时，最高法院事实上并不拥有充足的材料来做出裁决。在德雷德·斯科特案①中，最高法院做出判决的基础可能对律师们来说是令人满意的，但就这些判决本身来说无法让其他任何

253 人满意。极为重要的是，宪法创造者不打算把其政治智慧应用

---

　　① 德雷德·斯科特是个黑人奴隶，他曾随主人到过自由州伊利诺伊和自由准州威斯康星并居住两年，之后回到蓄奴州密苏里。在主人死后斯科特提起诉讼要求获得自由，但在德雷德·斯科特诉桑福德(Dred Scott v. Sandford)一案中，他的要求被最高法院驳回。

于他们知道的非常重要的一个问题上，而在这种情况下，结果就是现代最血腥和代价最大的那场战争。

让我复述下前面的那些观点，我相信自己做了一些工作来使其得以确立。美国宪法是英国宪法的一个修正后的版本，但充当其样板的英国宪法是存在于1766至1787年之间的英国宪法。被引入的修正内容是由美国殖民地的新环境所要求的，而这些殖民地现在是独立的了。这样的环境排除了世袭的国王，也在事实上排除了世袭的贵族。在美国宪法被制定的时候，人们并不认为它是神圣的——不像1789年之前的英国宪法，所有部分被认为是神圣的。可以预见会有政治变动，如果说不是政治动荡的话。美国宪法在阻止这些倾向方面明显是成功的，而这可部分地归因于其中所保留的英国制度的重要部分，但这也归功于美国政治家们的睿智，他们正是用自己的睿智填补了某些既有的英国制度被应用于当时已解放了的各殖民地时留有的裂缝。这种睿智在《联邦党人文集》的每个部分都是很突出的，而且它可以在随后美国历史的每一页中被察觉到。对于如今生活在不肖群氓（faece Romuli）①之中的英国人来说，这种睿智很可能会使他们充满惊奇和羡慕。

---

① "faece Romuli"最早被西塞罗用以指代罗马平民（带贬义）。席代岳先生在普鲁塔克的《希腊罗马名人传》（吉林出版集团2011年版，第1331页）中将其译为"罗慕拉斯（也译罗慕卢斯，即传说中罗马城的创建者）后裔当中的败家子"，这里根据语境将其译为"不肖群氓"。

索　引

in politics,政治中一般法则的力量 107

German influence on France,日耳曼人对法国的影响 3

Germany,德国:Popular Government in,德国的大众政府 17;Government compared with Italian,德国政府与意大利政府的比较 21;compared with American,德国政府与美国政府的比较 216

Girondins,their phraseology,吉伦特派,他们的措辞 74,75

Government,政府:forms of,政府的形式 6(参见大众政府);J. S. Mill and Mr. Justice Stephen, quoted,(引用)J. S. 密尔和法官斯蒂芬先生的话 7;of Russia and Turkey,俄罗斯和土耳其的政府 8;of other European States,其他欧洲国家的政府 8,210;British model followed throughout Europe,整个欧洲遵从的英国模式 13;of Spain,西班牙的政府 15;of Germany,德国的政府 17;danger from Irreconcileables,来自不妥协派的危险 26;theory that it can increase human happiness,它能增进人类幸福的理论 45;Scherer on France,谢勒论法国政府 57;democracy,a form of,民主是一种政府形式 59;its chief duties,政

府的主要职责 63,64;by the Many,多数人的政府 73,201;by Representation,代议制政府 92;by Party,政党政府 98;difficulties of,in India,印度政府的困难 133;servant of the people,according to Rousseau,卢梭认为政府是人民的仆人 156;"multitudinous" difficulties of,政府的"众多"困难 179;expedients of weak,软弱政府的权宜之策 199;classification of,政府的分类 201

Grote,George,乔治·格罗特:on democracies,论民主 39,74;a follower of Bentham,边沁的追随者 82,165

Guizot,M.,criticism of the "Federalist",基佐先生对《联邦党人文集》的评论 203

Habit,习性:force of,in politics,习性在政治组织中的力量 23,63,70;characteristics of,习性的特点 137

Hamilton,Alexander,亚历山大·汉密尔顿:on British Constitution,论英国宪法 102,209;his ideas on republics,他对共和国的看法 205;on colonies,论殖民地 209;on the powers of the President,论总统的权力 214;failure of his an-

译后记

于我而言，能有机会翻译梅因这样一位大家的著作，特别是像《大众政府》这样重要的一本书，是极为荣幸的，同时又有些诚惶诚恐。虽然这本书的篇幅不大，但由于梅因善于旁征博引，喜欢长句式和插入语，而且常使用隐晦的幽默和讽刺表达方式，故此翻译过程中我吃了不少"苦头"，当然收获也是很大的。为了避免"粗制滥造"、最大限度地减少讹误，我花了将近一年的时间来反复推敲和打磨译稿，然后在译完后的八九年时间里又曾先后进行六次校订。虽然算起来前后校订所花费的时间甚至比当初翻译的时间更多，但鉴于每次校订都或多或少地会发现些问题，因此我还有点"庆幸"这本书没有过早出版。

需要说明的是，本书所引文献的标注比较随意，且都未列出版本信息，故翻译时亦按原文格式保留。同时，对于正文中的一些重要术语和名词，译者在其后的括号内都附上了英文，而其大小写等也严格遵从原文。

由于《大众政府》一书距离现在已有较长时间，为方便读者理解，除了在前面增加一个导读外，我还在翻译时增补了大量的译者注，而它们也是我自己边翻译边理解的见证。这些译者注有很多是对所涉及人物、史实的必要说明，应当会有助于读者更好地把握梅因所写文字背后的一些隐含义。最后，我还要特别感谢佟德志教授对本书翻译的关心及在联系出版方面所提供的帮助，感谢同事田蕴祥副教授在部分法语句子翻译方面给予的帮助，也感谢两位研究生徐崇倚、雷婕协助我进行最后的译稿校对。

　　当然，因学识所限，译文中肯定还存在这样那样的问题，对此任何的批评都会受到最热烈的欢迎。

译者

2021 年 8 月 7 日于珞珈山

图书在版编目(CIP)数据

大众政府 / (英) 亨利·萨姆奈·梅因著; 陈刚译. —
北京: 商务印书馆, 2022
ISBN 978-7-100-20885-7

Ⅰ. ①大… Ⅱ. ①亨… ②陈… Ⅲ. ①民主—文集
Ⅳ. ①D082-53

中国版本图书馆CIP数据核字（2022）第043837号

大众政府

〔英〕亨利·梅因　著

陈　刚　译

商　务　印　书　馆　出　版
（北京王府井大街36号　邮政编码 100710）
商　务　印　书　馆　发　行
南　京　鸿　图　印　务　有　限　公　司　印　刷
ISBN　978-7-100-20885-7

2022年6月第1版　　开本　889×1194　1/32
2022年6月第1次印刷　印张　7

定价：46.00元